中日桥汉语

中国語——日中の架け橋

（初级上）

赵延风 ［日］吉田庆子 陈敏 张恒悦 ［日］冈田英树 编著

北京大学出版社
PEKING UNIVERSITY PRESS

图书在版编目(CIP)数据

中日桥汉语. 初级. 上 / 赵延风等编著. —北京：北京大学出版社，2012.4

ISBN 978-7-301-20350-7

Ⅰ. 中… Ⅱ. 赵… Ⅲ. 汉语-对外汉语教学-教材 Ⅳ. H195.4

中国版本图书馆CIP数据核字(2012)第032094号

书　　名：中日桥汉语(初级上)
著作责任者：赵延风　[日]吉田庆子　陈敏　张恒悦　[日]冈田英树　编著
责 任 编 辑：杜若明
标 准 书 号：ISBN 978-7-301-20350-7/H·3023
出 版 发 行：北京大学出版社
地　　址：北京市海淀区成府路205号 100871
网　　址：http://www.pup.cn
电　　话：邮购部 62752015　发行部 62750672　编辑部 62752028　出版部 62754962
电 子 邮 箱：zpup@pup.pku.edu.cn
印　刷　者：北京虎彩文化传播有限公司
经　销　者：新华书店
787毫米×980毫米　16开本　13印张　200千字
2012年4月第1版　2019年10月第2次印刷
定　　价：70.00元 (配有光盘)

立命馆孔子学院·北京大学对外汉语教育学院
《中日桥汉语》(中国語——日中の架け橋)
编辑委员会

总　序

俄国教育学家乌申斯基曾说过，“好的教科书和有效的教学法，能使没有经验的教师成为一个好老师。如果缺少这些，一个优秀的教师也难以真正在教学上登堂入室。”这句话明确地告诉我们，教材在第二语言教学中，始终占据着相当重要的位置。

随着汉语作为第二语言教学在日本的不断深入，不仅学习人数快速增加，且学习者的类别也不断增多，除了大学和中小学外，很多不同类型的企业、很多外资企业的工作人员都加入到了汉语学习的行列。在这一形势下，对教材，特别是对有针对性的教材的需求越来越迫切。本套系列教材正是在这一大背景下顺应而生。本套教材的编写者衷心希望此套教材的出版能够为广大在日本本土学习汉语的需求者提供积极的帮助，同时也为在中国大陆学习汉语的各类日本朋友提供多一个选择。以下是本套教材的概括介绍。

编写原则

针对性　充分考虑学习者的母语特点，在全面研究有别于欧美学习者的学习规律基础上，针对日本人和日本人学习汉语的特点，确定教材编写模式，力求提高以日语为母语的学习者汉语学习效率。

科学性　吸收国际最新的教材编写理论，吸收汉语最新研究成果，在汉语语言要素选择、输入、练习设计等诸多方面进行全面考量，循序渐进，力求教材内容科学专业。

真实性　从初级到最高级，不同阶段突出不同特点，但各段的共同点都是以实现语言交际为目标。场景设置和材料的选择都与某一真实环境相结合，使教材真正可以做到学以致用。

系统性　参考国内外先进的第二语言标准，特别是汉语水平测试标准，整套教材为小台阶多级别的组合，共分为初级、准中级、中级三段，每一段上下两册，全套教材共有六册。

文化性　教材在选材上突出文化底蕴，尤其注意中日文化的交流与碰撞，使语言学习的过程同时成为文化交融的过程，充分体现出多元文化大背景下语言教学的崭新面貌。

结构目标

全套教材共有三段六册，各段的具体目标是：

初级　以结构为纲进行编写，同时兼顾功能项目，力求二者完美结合。初级教材的编写重在体现出针对性特点，即针对日本人学习汉语时需要加强的方面，采用听说领先的编写方式，同时又兼顾到中日语言中汉字的中介作用，使教材从初级起，就展现出有别于传统的、面向欧美学习者的汉语教材的崭新面貌。初级阶段的词语在800左右，学完初级，可以进行初步的日常交际。

准中级　以情景和功能为纲进行编写。为体现情景的真实性和实用性，上册侧重于日本情景，下册侧重于中国情景，并尽可能做到寓功能于情景之中，同时注意补充初级阶段未曾学习的语法项目。课文多是对话加叙述的形式，力求自然、轻松、有趣，以引发学习者的兴趣。同时，以多种形式强化听和说的训练，进一步体现母语为日语者的教材特点。学完准中级，词语达到1600左右，可以独立在中国生活，并用汉语进行简单的沟通。

中级　以功能和话题为纲进行编写，同时兼顾中级阶段的语法项目。在前两阶段的基础上，加强学生对中日同形词音义对照辨析能力的培养。课文形式由主要是对话体转为文章体，课文内容从主要是日常生活交际语言的学习转为对更具社会、文化含量文章的读解与听说，从而提高在较深层次、较宽领域运用汉语进行表达和交际的能力。学完中级，词语达到3200左右，可以比较自由地用汉语与中国人进行沟通和交流。

教材特点

国别教材　语言教学理论，特别是二语学习理论的研究成果已经充分表明，不同母语的学习者，由于自身母语的不同，在学习第二语言的时候，会产生不同的学习特点和难点。因此，针对不同母语者的不同需求，从第二语言教材的编写原则出发，针对某一国别的特殊需求编写教材是十分科学有效的，这也正是本套教材最突出的特点之一。

合编教材　本教材的另一特点是，这是一套名副其实的中日合编教材。从教材的策划到编写大纲的制定，从总顾问的邀请到教材总主编和总监修的配合，从各册主编的确定到编写人员的组成，以至每一课的具体编写，每一步都凝聚了中日双方人员的心血和智慧，其目的就是中日双方各自发挥所长，扬长避短，合编教材。

总　序

趣味教材　本教材内涵十分丰富，其内容不但贴近学生生活，而且特别注重凸显中日两国的文化，同时放眼世界，展示人类共通文化；练习形式多样，既丰富又实用，既有针对课文内容的问题，也有具有启发性的开放式问题，使学习者在学习教材的同时，有很宽广的拓展和深化思考的空间，使得学习过程充满了挑战与趣味。

有效教材　以上几个特点，体现出本教材明显地不同于以往的汉语教材。她针对日本人学习汉语的实际需求，她凝聚了中日双方汉语教师的共同智慧，她科学、有趣、实用、有效。我们相信，这是一套全新的受到使用者欢迎的有效教材。

本套教材从2008年策划到2012年开始出版，历经四年。其间日本立命馆孔子学院付出了极大的努力。作为本套教材的总主编，我首先要向立命馆孔子学院致以最衷心的感谢，是你们的睿智和果断，使得教材得以问世；同时，我也要感谢北京大学和立命馆大学的校领导，你们的决策和支持，保证了教材的持续编写；我还要感谢为本教材的策划和提出建设性意见而付出心血的所有中日朋友，你们的参与与献策，使得教材锦上添花！最后，我要感谢参加编写教材的全体中日教师，谢谢你们的辛勤付出！感谢北京大学出版社和汉语编辑部的领导和编辑，最终，这套体现中日合作结晶的成果在充满生机与活力的北京大学出版社落下帷幕！

由于水平和能力，本套教材一定还有需要进一步改进的地方，欢迎听到各方朋友的宝贵意见。

李晓琪

2012年春于北京大学

総　序

ロシアの教育学者ウシンスキーは、「よい教科書と効果的な教授法は経験の浅い教師を一人前の教師にすることができる。これらがなければ、優秀な教師であっても教育のより深い境地に達することは難しい。」と述べている。この言葉からもわかるように、第二言語教育において、教科書は非常に重要なものである。

日本では中国語教育の拡大に伴い、学習人口の増加だけではなく学習者のレベルも多様化している。大学や小中高校以外でも、各種企業、外資企業の社員などが中国語学習者となっている。このような状況の下、教科書に対する要求は高まってきており、このニーズに応えるべく本シリーズは生まれた。この教科書の出版により、日本における中国語学習者によりよい学習環境を提供し、また中国の日本人中国語学習者にも学習ツールの選択肢の一つとして加えて頂けたらと願っている。この教科書シリーズの概要は以下のとおりである。

編集原則

一）対象をはっきりさせた構成

学習者の母語の特性を考慮していること。欧米系学習者とは異なる学習法則の研究に基づき、日本人の中国語学習の特徴に即した教科書編集を行うことにより、日本語を母語とする学習者の学習効率を高めた。

二）科学性

最新の国際的な教科書編集理論と中国語研究の成果に基づき、中国語素材の選択、導入、練習問題の設定などについて全面的に吟味し、専門的かつ科学的であるよう努めた。

三）実際性

初級から上級まで、それぞれのレベルで異なる特徴を打ち出すと同時に、各レベルともに中国語によるコミュニケーション能力の向上を目標とした。シーン別会話の設定や素材の選択は全て現実社会に即したものであり、これにより、実際に使うことに役立てる科書とした。

四）系統性

国内外の第二言語教育基準、特にHSK基準を参考し、細かいレベル設定をする。本シリーズは初級、準中級、中級3段階で構成され、各級上・下冊、全6冊で構成した。

五）文化的

本教科書は日中文化交流など文化的側面も取り入れることにより、語学学習の過程で文化についても知識を深めることができる。多元文化の背景のもと、新しい言語教育の姿を明らかにした。

目標構成

本教科書シリーズは3段階計6冊で構成される。各級の目標は以下のとおりである。

初　級：構造的を軸に編集し、機能的項目も考慮し、構造を理解し、機能も果たせるようにした。初級テキストは対象を明確にして編集したことが特長で、日本人学習者の弱点であるリスニングとスピーキングに重点をおき、同時に日中両言語における漢字のもつ橋渡し機能に着目し、初級段階から従来の欧米系学習者向け教材とは異なる新しいタイプの教科書とした。初級の語彙量は約800程度、学習終了後は初歩レベルの日常的コミュニケーションが可能である。

準中級：シーン別会話と機能性を軸に編集した。会話場面の現実性と実用性を高めるため、上冊では日本の状況、下冊では中国の状況に焦点を合わせた。会話場面はできるだけ機能的に、また初級で述べられなかった文法事項についても補足を行った。本文は会話に叙述文を加えた形式で、自然で、負担にならない、楽しい、学習者の興味をかきたてる内容とした。同時に、多方面からリスニングと会話能力を強化することにより、日本語を母語とする学習者に即した教材という特長を打ち出している。準中級学習終了後、語彙量は約1600、単独で中国で生活をすることができ、中国語を用いて簡単なコミュニケーションを図ることができる。

中　級：機能性とトピックスを軸に編集を行い、同時に中級レベルの文法事項についてもふれた。初級、準中級での学習という基礎のもと、日中同形語の発音と意味に関する対照弁別能力を養う。本文は会話形式から文章形式に、内容は日常生活で使用するフレーズの学習から更に社会的、文化的要素をもつ文章の読解と運用となり、より深い、広い領域で中国語を用いた表現力、コミュニケーション力の向上を目指す。中級学習終了後は、語彙量約3200、比較的自由に中国語を用いて中国人とコミュニケーションし、交流することができる。

（中国では外国人に対する中国語を「初級」、「准中級」、「中級」、「高級」のように段階分けがおこわれるのが普通で、それぞれの段階で習得されるべき語彙数などが定められている。本シリーズにおいても「准中級」まではそれに準拠したが、「中級」は中国人の書いた原文を収録し解説を加える体裁にした。日本の慣例に従えば「中級」は「上級」の相当する。）

教科書の特長

対象国別教科書

言語教育学理論、特に第二言語学習理論の研究でもすでに明らかになっているが、母語の異なる学習者では、第二言語学習上の優位性と弱点も異なる。よって母語の異なる学習者のニーズに対して、第二言語学習教材の編集原則に基づき対象国別に教科書を策定することは科学的で効果的であり、この教科書シリーズの最大の特長のひとつでもある。

日中合作教科書

教科書のもう一つの特徴は、日中合作教科書であるということである。教科書の企画から編集大綱の策定、総顧問の招聘から総主編、総監修の協力により、各テキスト主編の決定から編者の構成および各課の執筆まで、すべてが日中双方の知恵と努力の結晶であり、お互いの良いところを取り入れた合作教科書である。

おもしろい教科書

教科書は学生の生活に密接した内容となっているだけではなく、日中両国の文化に焦点をおくと同時に世界に目を向け、人類共通の課題にも触れた豊富な内容となっている。また豊富で実用的、本文に即した様々な練習問題を用意しており、学習者により広く深く思考を促し、学習過程においてチャレンジ精神と楽しみをかきたてる内容となっている。

効果的な教科書

以上の特長より、この教科書は他の中国語教科書とは一線を画したものとなっている。教科書は日本人学習者のニーズに即した、日中双方の中国語教師の知恵の結晶であり、科学的で面白い、実用性に富んだ効果的な教科書である。本シリーズが学習者に広く受け入れられると信じている。

本教科書シリーズは2008年の企画から2012年から出版まで、4年の時間を費やした。この間、立命館孔子学院は多大な労力を費やしてくださった。本教材の総主編として、立命館孔子学院に心より感謝申し上げる。貴学院の英知と果断により、この教科書は世に出ることができた。同時に、北京大学と立命館大学の学園執行部の方々にも感謝したい。二つの大学の執行部各位の意思決定と支持により,教科書編集を継続することができた。また、この教材の企画に対して助言くださったすべての日中両国の友人にお礼を申し上げたい。皆様方の参画と助言により、本教科書をより素晴らしいものにすることができた。最後に、本書の編集に尽力いただいた日中双方の教員に感謝の意を表する。北京大学出版社と中国語編集部の責任者と編集者にも感謝したい。この日中合作の結晶は北京大学出版社より出版される。

本教科書シリーズの不十分な点などについては、先生方、学習者の方々から忌憚のないご意見を頂戴できれば幸いである。

李晓琪
2012年春北京大学にて

关于本教材的说明

本教材的使用对象及目标

本教材为对日系列汉语教材中的初级部分，教材分为上下两册，共24课，总词汇量在800词左右，适合入门和初级汉语学习者使用。本教材学完后，学习者可以用较标准的汉语进行简单日常沟通交流，为进一步学习打下良好基础。

本教材的特点

本教材具有以下几个突出特点：

1. 面向日本学习者，突出日本人学习汉语的特点和难点。

2. 注重交际能力的培养，特别强调听说能力的训练。

3. 以学生为中心，注重在用中学，在体验中学，在互动中学。

4. 注重发音，为避免汉字对于日本学习者中文发音的负面影响，教材中大量使用了拼音。

5. 提供充足的有针对性的练习，方便教师课堂使用和学生课下自学。

教材的体例

◎ 本教材每课分由以下几个主要部分组成：

【会话】每一课有两个小对话，展示本课的交际功能及词汇语法的使用。

【生词和短语】对会话中生词短语注音并给出日语释义。

【生词练习】用环环相扣的练习形式，使学生建立生词音义、音形之间的联系，从而掌握会话中的生词。

【会话练习】通过多种练习，使学生掌握会话展示的句型和交际功能。

【本课学过的基本句型】对本课的重点句型做出总结。

【扩展练习】在熟练掌握生词和会话的基础上，逐渐进行真实交际训练。

【语音练习】进行语音专项训练。

【格言古诗等】根据日本学习者的特点，安排了日本人耳熟能详的的中国古诗或格言，既训练了发音，又提高了学生的兴趣。

◎ 除此之外，每三课之后有一个三课的语法小结，供师生参考。

教材的使用

本教材每课大约需要4学时或2大节课（每节课90分钟）完成。具体教学步骤，建议先学习【生词和短语】并做【生词练习】，然后进入【会话】，在【会话练习】完成后，开始进行【扩展练习】，最后进行【语音练习】和【格言古诗】等。在课时不足的情况下，教师可将一部分练习留为课下作业，这样也可以在一个学期内完成一册教材的教学。如果每周课时较多，则可以充分展开练习中的内容，特别是扩展练习部分的内容，使学生得到更多的课上交际练习机会。另外，【本课学过的基本句型】最好要求学生全部熟读背诵。教师也可以每三课根据教材的语法小结，给学生进行语法方面的梳理。

以上教学设计只是编写者的建议，有经验的教师完全可以使用自己的方法，更有创意地使用本教材。

特别说明

本教材执笔者按其执笔部分先后顺序署名。上册的执笔分别是：语音部分　陈敏；1—3课　赵延风；4—6课　吉田庆子；7—9课　陈敏；10—12课　张恒悦；语法小结　冈田英树；下册的执笔分别是：13—16课　张恒悦；17—20课　章天明；21—24课　陈敏；语法小结　冈田英树。

另外，本教材从最初着手到最后成书历时3年多时间，很多人为此付出了心血，北京大学派立命馆孔子学院工作的志愿者冉泽曾在编写初期参与大纲的制订，李丹小姐在中期曾做了大量的电脑输入工作，绢川浩敏先生在后期曾协调修改等事宜，在此谨致谢忱。

编者

2012年3月

教科書をお使いの皆さんへ

教材についての説明

教材の対象者と目的

この教材は、日本人用中国語シリーズ教材の初級です。教材は、上下に分かれており、あわせて24課、総単語数は800程度、初めて中国語を学ぶ人や、初級段階の学習者を対象としています。この教材を学び終われば、学習者は標準的な中国語を使って、簡単な日常的意思疎通が可能となり、学習をさらに進めるためのしっかりした学習基盤をつくることができます。

教材の特徴

この教材は、以下のような特徴をそなえています。

1．日本人学習者のためのものであり、日本人が中国語を学習する上での優位性と弱点に配慮しています。

2．コミュニケーション能力を身につけることを重視し、リスニング能力・スピーキング能力のトレーニングに重きをおいています。

3．学習者が中心となり、中国語を使いながら学び、体験しながら学び、関係しあいながら学ぶことに重きをおいています。

4．発音のマスターに力を入れており、日本人学習者が中国語の発音をマスターする上で漢字に頼るマイナス面をさけるため、ピンインをたくさん使っています。

5．目標をはっきりさせた「練習」を提示し、教師が授業中に練習させ、学習者が授業後に自学する便宜をはかりました。

教材のスタイル

この教材はそれぞれの課を以下のセクションに分けています。

【基本文型】この課で学ぶ重要文型をまず整理しています。

【会話】各課には二つのスキットがあり、その課のコミュニケーション機能と単語・文法を明示しています。

【単語と短文表現】スキットに出る新出単語、フレーズにピンインをつけ、日本語の訳をつけました。

【単語練習】スキットに関連した単語をくり返し練習し、学習者が単語の発音と意味、音のかたちの関連をつかみ、会話の中の単語をマスターします。

【会話練習】さまざまな練習を通して、会話で示した文型とコミュニケーション機能をマスターします。

【ステップアップ】単語と会話をきちんとマスターしたあとに、実際のコミュニケーショントレーニングをします。

【発音練習】発音特訓コーナーです。

【格言や漢詩】日本人学習者の特長をいかして、慣れ親しんでいる中国の漢詩や格言をおきました。発音をトレーニングできる上に、学習者の関心をひくことでしょう。

このほか、3課ごとに、3つの課の文法のまとめをおきました。参考として役立ててください。

教材の使い方

この教材は、各課おおよそ4授業時間または2コマ(1コマ90分)を想定しています。学習の進め方としては、まず、【単語と短文表現】を学習し、あわせて【単語練習】を行い、その後で【会話】に入り、【会話練習】がおわってから、【ステップアップ】に入ってください。最後に【発音練習】と【格言や漢詩】を行ってください。授業時間が足りない場合は、一部の練習を宿題として課してください。1学期内(半年)で1冊の教材が終えられるはずです。毎週の授業時間がより多い場合は、練習、とりわけステップアップの部分に時間をかけ、学習者が授業中でのコミュニケーション練習の機会を充分にとれるようにして下さい。このほかに【基本文型】を、できるだけ学習者が暗唱するようにしてください。3課毎の文法のまとめで、文法面での整理を行ってください。

以上の授業プランは、編著者の提案であり、経験豊富な先生方にはご自分のやりかたで、より創意工夫に富んだ使い方をお願いします。

最後に

この教材の執筆者は執筆部分の順に従って、署名させていただきました。上冊の執筆担当は、発音:陳敏、1～3課:趙延風、4～6課:吉田慶子、7～9課:陳敏、10～12課:張恒悦、文法のまとめ:岡田英樹、下冊の執筆担当は、13～16課:張恒悦、17～20課:章天明、21～24課:陳敏、文法のまとめ:岡田英樹　です。

この教材は、構想に着手してから完成まで3年余りの時間を要しました。多くの方々の努力の結晶であり、北京大学から立命館孔子学院に派遣された院生ボランティアである冉澤氏は編纂の初期に要綱の制定に加わっていただき、李丹女史には、大量の文章のコンピュータ入力業務に関わっていただき、絹川浩敏氏には、最後の手直しに加わっていただきました。記して、感謝いたします。

編者

2012年3月

目录(目次)

汉语拼音（中国語ピンイン） …… 1
1．声调(声調)／2．韵母(母音)／3．声母(子音)／4．变调(変調)／5．音节符号(隔音符号)
综合练习篇(総合練習篇)

第一课　你好!（初対面のあいさつ） …… 1
1．「～是～」の構文／2．副詞の位置／3．語気助詞の「呢」／4．人称代名詞
扩展练习(ステップアップ)
(付)音節の発音練習

第二课　你的电话号码是多少?（連絡先をたずねる） …… 12
1．形容詞述語文／2．指示詞／3．「的」の使い方／4．所有・所属を表す動詞「有」
扩展练习(ステップアップ)
(付)音節の発音練習

第三课　你家有几口人?（家族構成） …… 24
1．動詞述語文／2．名量詞／3．「的」の省略／4．数量疑問詞「几」と「多少」／5．疑問詞疑問文
扩展练习(ステップアップ)
(付)音節の発音練習

第一課～第三課・文法のまとめ …… 37

第四课　哪儿有医院?（場所をたずねる） …… 41
1．存在をあらわす表現／2．場所をあらわす表現
扩展练习(ステップアップ)
(付)音節の発音練習

第五课　现在几点?(時間をたずねる) …… 53
1.時間のあらわし方/2.副詞の「就」と「才」
扩展练习(ステップアップ)
(付)音節の発音練習

第六课　我喜欢听音乐(趣味を話しあう) …… 65
1.「動詞+目的語」が目的語となる構文/2.「太~了」と「不太~」/3.「跟~一起」の構文
扩展练习(ステップアップ)
(付)音節の発音練習

第四课~第六课·文法のまとめ …… 76

第七课　明天我去美术馆看画展(スケジュールを話しあう) …… 79
1.連動文/2.介詞の「在」と「离」/3.曜日のあらわし方/4.語気助詞の「吧」
扩展练习(ステップアップ)
(付)音節の発音練習

第八课　这件大衣多少钱?(買い物をする) …… 91
1.助動詞の「想」/2.比較の表現/3.お金の単位と値段のたずね方/4.「~(一)点儿」と「~一下」
扩展练习(ステップアップ)
(付)音節の発音練習

第九课　我买了一个手机(商品の機能をたずねる) …… 103
1.二つの「了」/2.助動詞の「能」/3.反復疑問文/4.動詞の重ね型
扩展练习(ステップアップ)
(付)音節の発音練習

第七课~第九课·文法のまとめ …… 116

第十课　我坐地铁回家(交通の利用法をたずねる) …… 119
1.自然現象をあらわす表現/2.変化をあらわす語気助詞の「了」/3.手段・方法をあらわす連動文/4.疑問詞の「怎么」と「怎么样」
扩展练习(ステップアップ)
(付)音節の発音練習

第十一课　你会说广东话吗?(相手の能力をたずねる) ………………………… 131
1.助動詞の「会」/ 2.助動詞の「要」と「得」/ 3.動詞述語文の疑問文 / 4.「先~然后」の構文
扩展练习(ステップアップ)
(付)音節の発音練習

第十二课　祝你生日快乐!(プレゼントを贈る) ………………………… 144
1.単純方向補語 / 2.二重目的語 / 3.介詞の「给」/ 4.日付のあらわし方
扩展练习(ステップアップ)
(付)音節の発音練習

第十課~第十二課·文法のまとめ ………………………… 157

词语表(単語一覧表) ………………………… 161

汉语拼音

（中国語ピンイン）

三要素：声调(声調)　韵母(母音)　声母(子音)

1. 要素1

1. 声调（四声）：中国語では、一つの音節に高低、上げ下げの四つのアクセント（声調）があり、四声ともいう。

mā 妈
（お母さん）

má 麻
（麻）

mǎ 马
（馬）

mà 骂
（ののしる）

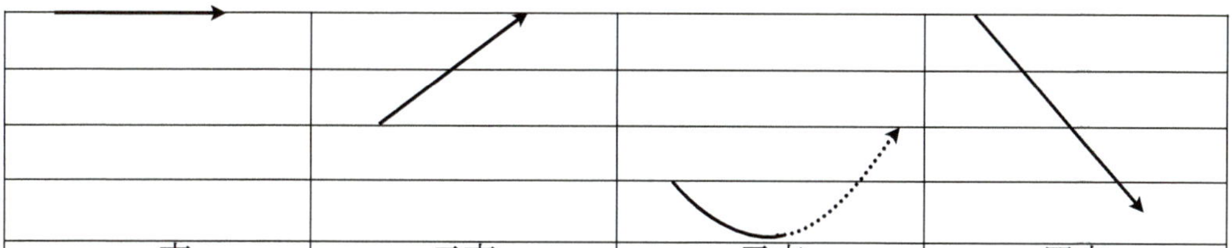

一声	二声	三声	四声
高く平かに	一気に上げる	低く押さえる	一気に下げる

カタカナ部分の発音が、どの声調に近いか確かめよう。

A：キャー、蛇よ！

B：エエッ、本当？

B：ヘェーッ、本物だ！

A：アーア、恐かった。

2. 变调1:本来の声調が変化する場合があり、これを変調という。

（1）三声的连续:三声が連続する場合、前の音節は二声として発音される。声調符号は、三声のままで示されるので、注意が必要である。

三声 ＋ 三声 → 二声 ＋ 三声

nǐ hǎo（你好　こんにちは） → ní hǎo

hěn hǎo（很好　すばらしい） → hén hǎo

（2）轻声:音節が連続する場合、後の音節が本来の声調を失い、前の音節に軽く添えるように発音されることがある。これを軽声という。

māma　（妈妈　お母さん）

bàba　（爸爸　お父さん）

wǒmen　（我们　わたしたち）

＜练一练＞　◆やってみよう。

（1）用“TA　NA　KA”练习四声　◆音節の「TA　NA　KA」を使って、それぞれに四声をつけて発音しなさい。

TA	tā	tá	tǎ	tà
NA	nā	ná	nǎ	nà
KA	kā	ká	kǎ	kà

（2）用自己名字的音节练习四声。　◆自分の名前の音節を使って、四声をつけて発音しなさい。

（3）请用自己名字的音节出题,要求同学分别发四声。

◆自分の名前の音節を使って、クラスメートに四声をつけて発音してもらいなさい。

2. 要素2

韵母　◆母音

1. 韵母 1 表　◆母音1表

	a	o	e	ai	ei	ao	ou	er
i (yi)	ia (ya)		ie (ye)			iao (yao)	iou* (you)	
u (wu)	ua (wa)	uo (wo)		uai (wai)	uei* (wei)			
ü (yu)			üe (yue)					

注:

*(1)（　）中为没有声母时的拼写法。

◆（　）の中は子音がない時の書き方。

*(2) 声调标在开口最大的元音上。

◆声調符号は口が一番大きく開く母音の上につける。

a → o → e

*(3) iou, uei前有声母时写作iu, ui。声调标在后边的元音上。

◆iou, ueiの前に子音がつく場合はui, iuと書き、声調符号は後ろにつける。

<练一练>　◆やってみよう。

(1) 自己读绿色标示的韵母,然后听老师(CD)的发音。

◆自分で緑色のものを発音し、それからCDを聞きなさい。

(2) 听老师(CD)读红色标示的韵母,然后做跟读练习。

◆赤色のものの発音を聞いてから、先生に従って発音しなさい。

(3) 读下列拼音,看汉字猜意思。

◆以下のピンインを読み、意味をあてなさい。

āyí 阿姨	èyú 鳄鱼	yīwù 衣物	yǔyī 雨衣	áoyè 熬夜
ǒuyù 偶遇	wàiyǔ 外语	yuèyè 月夜	yāowéi 腰围	yōuyuè 优越

2. 韵母(鼻元音)2表 ◆母音(鼻母音)2表

	an	ang	en	eng	ong
i (yi)	ian (yan)	iang (yang)	ien* (yin)	ieng* (ying)	iong (yong)
u (wu)	uan (wan)	uang (wang)	uen* (wen)	ueng (weng)	
ü (yu)	üan (yuan)		üen* (yun)		

注:

*(1) ien, ieng, uen, üen有声母时写作in, ing, un, ün。

◆ien, ieng, uen, üenは前に子音がつく場合、eを省略し、子音がない場合は、yin,ying,wen,weng,yunのようにiをy、uをwu、üをyuに書きかえる。

anのaは舌先を上前歯の裏につけて、angのaは舌先を奥にひいて発音しよう。

＜练一练＞ ◆やってみよう。

(1) 自己读绿色标示的韵母,然后听老师(CD)的发音。

◆自分で緑色のものを発音し、それからCDを聞きなさい。

(2) 听老师(CD)读红色标示韵母的发音,然后做跟读练习。

◆赤色のものの発音を聞いてから、先生に従って発音しなさい。

(3) 读下列拼音,看汉字猜意思。

◆以下のピンインを読み、意味をあてなさい。

ānwēi 安危	wàiyáng 外洋	wǎngyè 网页	yuányīn 原因	yǒngyuǎn 永远
yīnyuè 音乐	yóuyǒng 游泳	yīngyǔ 英语	wǎnyàn 晚宴	ēnyì 恩义

3. 要素3

声母　◆子音

表1

声母	b	p	m	f	d	t	n	l
a	ba	pa	ma	fa	da	ta	na	la

表2

声母	g	k	h	z	c	s
a	ga	ka	ha	za	ca	sa

表3

声母	j	q	x	zh	ch	sh	r
i	ji	qi	xi	zhi	chi	shi	ri
u				zhu	chu	shu	ru

注:

* j, q, x 和元音ü一起拼写时, ü写作 u。

◆ j, q, xに母音üがつく時、üはuと書く。

<练一练>　◆やってみよう。

（1）自己读表1和表2中绿色标示的部分,然后听老师(CD)的发音。

◆自分で緑色のものを発音し、それからCDを聞きなさい。

（2）听老师(CD)读表3红色标示的部分,然后做跟读练习。

◆赤色のものの発音を聞いてから、先生に従って発音しなさい。

（3）读下列拼音,看汉字猜意思。

◆以下のピンインを読み、意味をあてなさい。

qǐchuáng 起床	xǐliǎn 洗脸	shuāyá 刷牙	chīfàn 吃饭	chūmén 出门
shàngxué 上学	gōngzuò 工作	huíjiā 回家	xǐzǎo 洗澡	shuìjiào 睡觉

2. 儿化音：前の音節に接尾辞「儿」（er）をつけることを「儿化」という。前の母音を発音した直後に軽く舌を上にそらせる。前にくる音によって韻母は次のようになる。

（1） 前为～a，～o，～e，～u时：

◆～a，～o，～e，～uで終る音節についた時 → その母音を舌をそらせて終らせる。

zhèr（这儿　ここ）　　nàr（那儿　そこ）

（2） 前为～i，～n时：

◆～i，～nで終る時 → iやnが脱落し前の母音を儿化する。

yíkuàir（一块儿　一緒に） → yíkuàr

wèir（味儿　味） → wèr

ménr（门儿　ドア） → mér

wánr（玩儿　遊び） → wár

（3） 前为zhi，chi，shi，ri，或者zi，ci，si时：

◆zhi，chi，shi，ri，あるいはzi，ci，siについた時 → iのかわりにerをつける。

cìr（刺儿　とげ） → cèr

yǒushìr（有事儿　用事がる） → yǒushèr

（4） 前为ng时：

◆～ngで終る時 → ngが脱落し、前の母音を鼻母音にして儿化する。

kòngr（空儿　暇） → kòr

fēngr（风儿　風） → fēr

变调2

1. “一(yī)”的变调:“一”は本来は第一声(yī)であるが、後に続く声調によって次のように変化する。

(1) 第二声:第四声と軽声(元は第四声のもの)の前にある時
yígòng (一共　全部で)　yíge (一个　一つ)

(2) 第四声:第一、二、三声の前にある時
yìbēi (一杯　一杯)　yìnián (一年　一年)　yìbǎi (一百　百)

(3) 第一声:序数や最後に来た時
yīyuè (一月　一月)　tǒngyī (统一　統一)

(4) 軽声:“～一～”の時
kànyikàn (看一看　見てみよう)
liànyiliàn (练一练　やってみよう)

2、“不(bù)”的变调:“不”は本来第四声(bù)であるが、後に第四声が続くと、第二声に変化する。

(1) 第二声:第四声の前にある時
búshì (不是　～ではない)
búdà (不大　大きくない)

(2) 第四声:第一、二、三声の前にある時
bùtīng (不听　聞かない)
bùlái (不来　来ない)
bùxiǎo (不小　小さくない)

(3) 軽声:“～不～”の時
qùbuqù (去不去　行きますか?)
hǎobuhǎo (好不好　いいですか?)

音节符号(隔音符号)

「’」音节符号:母音から始まる音節が続く時、音節を切る符号をつける。
xiān (先　先に)　Xī’ān (西安　西安)

综合练习篇

≈≈総合練習篇≈≈

1. 看拼音，读下列数字。　◆ピンインを見て以下の数字を読みなさい。

líng	yī	èr	sān	sì	wǔ	liù	qī	bā	jiǔ	shí
零	一	二	三	四	五	六	七	八	九	十

2. 用数字回答问题。　◆数字を使って問題に答えなさい。

你的手机号码(携帯番号)? ______________________

你的学生证号码(学生番号)? ______________________

你家的邮政编码(郵便番号)? ______________________

3. 看拼音，读绕口令。　◆ピンインを見て早口言葉を読みなさい。

sì shì sì, shí shì shí.	四是四，十是十。
shísì shì shísì, sìshí shì sìshí.	十四是十四，四十是四十。
shísì búshì sìshí, sìshí búshì shísì.	十四不是四十，四十不是十四。
māma qí mǎ, mǎ màn, māma mà mǎ.	妈妈骑马，马慢，妈妈骂马。

4. 背诵下列古诗。　◆詩を暗誦しなさい。

yí qù èr sān lǐ, yān cūn sì wǔ jiā.
一去二 三 里，烟 村 四五 家。
tíng tái liù qī zuò, bā jiǔ shí zhī huā.
亭 台 六七 座，八 九 十 枝 花。

5. 看拼音，读下列汉字。组合日本人的姓。

◆ピンインを見て漢字を発音し、組み合わせて日本人の苗字をつくりなさい。

shān	gāng	tián	yě	yuán	chuān	hé	bīn	qí
山	冈	田	野	原	川	河	滨	崎
dǎo	cūn	qiáo	jǐng	kǒu	gāo	jí	sēn	mù
岛	村	桥	井	口	高	吉	森	木
běn	sōng	shān	zhú	téng	shàng	xià	zhōng	qián
本	松	杉	竹	藤	上	下	中	前

6. 读下列拼音，注意声调的不同。

◆声調の違いに注意しながらピンインを読みなさい。

jiǎozi	Wǒ chī jiǎozi.	我吃饺子。	（餃子を食べる。）
jiàozi	Wǒ zuò jiàozi.	我坐轿子。	（かごに乗る。）
màoyì	Wǒ zuò màoyì.	我做贸易。	（ビジネスをやっている。）
máoyī	Wǒ chuān máoyī.	我穿毛衣。	（セーターを着ている。）
shuìjiào	Wǒ yào shuìjiào.	我要睡觉。	（眠たい。）
shuǐjiǎo	Wǒ chī shuǐjiǎo.	我吃水饺。	（水餃子を食べる。）
bāozi	Wǒ chī bāozi.	我吃包子。	（饅頭を食べる。）
bàozi	Wǒ pà bàozi.	我怕豹子。	（豹が怖い。）

7. 读下列课堂用语。 ◆教室用語を読みなさい。

（1） Qǐng kàn. 请看。 （見てください。）

（2） Qǐng tīng. 请听。 （聞いてください。）

（3） Qǐng gēn wǒ dú. 请跟我读。 （わたしについて読んでください。）

（4） Dàjiā yìqǐ shuō. 大家一起说。 （皆さん、一緒に言ってください。）

（5） Zài shuō yíbiàn. 再说一遍。 （もう一度言ってください。）

（6） Zài tīng yíbiàn. 再听一遍。 （もう一度聞いてください。）

（7） Zhùyì kǒuxíng. 注意口型。 （口の形に注意してください。）

（8） Zhùyì shēngdiào. 注意声调。 （声調に注意してください。）

（9） Xiànzài dàjiā liànxí. 现在大家练习。 （さあ皆さん、練習してください。）

（10） Hěn hǎo. 很好。 （とても上手です。）

（11） Duì. 对。 （その通りです。）

（12） Bú duì. 不对。 （違います。）

Dìyīkè　　Nǐ hǎo!

第一课　你好!

≈≈初対面のあいさつ≈≈

基本句型　◆基本文型

1	我是学生。	Wǒ shì xuésheng.
2	他是中国人吗?	Tā shì Zhōngguórén ma?
3	他不是中国人。	Tā bú shì Zhōngguórén.
4	老师呢?	Lǎoshī ne?
5	老师也不是中国人。	Lǎoshī yě bú shì Zhōngguórén.
6	请多关照。	Qǐng duō guānzhào.

会话　◆会話

Lǎoshī hé xuésheng zài jiàoshìli de huìhuà

1. 老师 和 学生 在 教室里 的 会话

◆ 教室での先生と学生の会話

A：Nǐ hǎo，nǐ shì xuésheng ma?

B：Shì，wǒ shì xuésheng. Nín ne?

A：Wǒ shì lǎoshī.

A：你好，你是学生吗?

B：是，我是学生。您呢?

A：我是老师。

2. 学生之间的会话

Xuésheng zhījiān de huìhuà

◆ 学生同士の会話

A：Nǐ hǎo，nǐ shì Zhōngguórén ma?
B：Bù，wǒ bú shì Zhōngguórén，wǒ shì Rìběnrén.
A：Wǒ yě shì Rìběnrén. Nǐ jiào shénme?
B：Wǒ jiào Shāntián Míngzǐ，qǐng duō guānzhào.

A：你好，你是中国人吗？
B：不，我不是中国人，我是日本人。
A：我也是日本人。你叫什么？
B：我叫山田明子，请多关照。

生词和短语 ◆新出単語と短文表現

1. 你好	nǐ hǎo		こんにちは
2. 你	nǐ	代	あなた、君
3. 是	shì	动	～です
4. 学生	xuésheng	名	学生、生徒
5. 吗	ma	助	～ですか（文末につけてYesかNoをたずねる）
6. 我	wǒ	代	わたし
7. 您	nín	代	あなた（敬語）
8. 呢	ne	助	～は?（名詞の後に置き、相手に聞き返す）
9. 老师	lǎoshī	名	先生
10. 中国人	Zhōngguórén	名	中国人
11. 不	bù	副	いいえ、～ではありません（動詞や形容詞を否定する）
12. 日本人	Rìběnrén	名	日本人
13. 也	yě	副	～も
14. 叫	jiào	动	（名前を）～といいます
15. 什么	shénme	疑	何、どんな

16. 山田明子　Shāntián Míngzǐ　名　山田明子(人名)
17. 请多关照　qǐng duō guānzhào　どうぞよろしく
18. 他　tā　代　彼

生词练习　◆単語練習

1. 听音标序号　◆　発音を聞いて下のピンインに番号をつけなさい。

①

nǐ あなた	wǒ わたし	yě ～も	tā 彼女	shì ～です
	①			

②

shénme 何	nǐ hǎo こんにちは	lǎoshī 先生	xuésheng 学生	bú shì ～ではありません

③

Zhōngguórén 中国人	Rìběnrén 日本人	jiào ～といいます	qǐng duō guānzhào どうぞよろしく

2. 听音标序号　◆　発音を聞いて下の絵に番号をつけなさい。

3. 听音标序号 ◆ 発音を聞いて下の漢字に番号をつけなさい。

①

你	您	我	他	叫
	①			

②

什么	不是	学生	老师	你好

③

中国	中国人	中国老师	日本学生	日本老师

4. 注音朗读 ◆ 下の単語にピンインをつけて発音しなさい。

①

我	你	他	您	叫

②

中国人	日本人	老师	学生	请多关照

会话练习 ◆会話練習

1. 跟读写汉字 ◆ CDを聞いて発音した上で、漢字を書き入れなさい。

① Nǐ hǎo!

② Qǐng duō guānzhào.

③ Nǐ jiào shénme?

④ Zhōngguórén.

⑤ Nín ne?

⑥ Shāntián Míngzǐ.

⑦ Bú shì Zhōngguórén.　　⑧ Yě shì Rìběnrén.

2. 听音选择 ◆ CDを聞いて発音されたほうに√をつけなさい。

例	A	B	C
(1) Nǐ hǎo! √(2) Nǐ ne?	(1) Wǒ bú shì. (2) Wǒ yě shì.	(1) Nǐ jiào shénme? (2) Qǐng duō guānzhào.	(1) Wǒ bú shì Rìběnrén. (2) Wǒ yě shì Rìběnrén.

3. 边听边连线 ◆ CDを聞いて内容が合うものを線でつなぎなさい。

(1) Wǒ bú shì lǎoshī.　　A. あなたは学生ですか。
(2) Nǐ shì xuésheng ma?　　B. わたしは先生ではありません。
(3) Wǒ jiào Shāntián Míngzǐ.　　C. 彼も日本人です。
(4) Tā yě shì Rìběnrén.　　D. わたしは山田明子と申します。
(5) Nǐ jiào shénme?　　E. どうぞよろしく。
(6) Qǐng duō guānzhào.　　F. お名前は。

4. 标调或注音 ◆ 声調符号やピンインをつけなさい。

① 听发音标声调 ◆ 発音を聞いて声調符号をつけなさい。

(1)	(2)
Wo shi laoshi.	Wo shi Ribenren.

② 听发音标拼音 ◆ 発音を聞いてピンインをつけなさい。

(1)	(2)
你叫什么？	请多关照。

5. 看图说话 ◆ 絵を見ながら、下線部に言葉を入れて文を完成させなさい。

①

A

Nǐ hǎo!
Nǐ shì lǎoshī ma?

B

Bù, wǒ shì xuésheng.
Nín ne?

A

Wǒ shì lǎoshī.

②

A

Nǐ hǎo!
Nǐ shì lǎoshī ma?

B

Bù, wǒ bú shì ______.
Wǒ shì xuésheng. Nǐ ne?

A

Wǒ yě shì ______.

③

A: Nǐ hǎo!

B: Nǐ hǎo!

A: Nǐ jiào shénme?

B: Wǒ jiào Shāntián Míngzǐ.

A: Nǐ shì Rìběnrén ma?

B: Shì, wǒ shì Rìběnrén.
Qǐng duō guānzhào.

④

A: Nǐ hǎo!

B: ________!

A: Nǐ jiào shénme?

B: Wǒ jiào________.
（自分の名前）

A: Nǐ shì Rìběnrén ma?

B: Shì, ________.
Qǐng duō guānzhào.

扩展练习　◆ステップアップ

生词　◆　新出単語

1. 她	tā	代	彼女
2. 公司职员	gōngsī zhíyuán		会社員
3. 家庭主妇	jiātíng zhǔfù		専業主婦
4. 医生	yīsheng	名	医者
5. 留学生	liúxuéshēng	名	留学生
6. 律师	lǜshī	名	弁護士
7. 大学生	dàxuéshēng	名	大学生
8. 英国	Yīngguó	名	イギリス
9. 美国	Měiguó	名	アメリカ
10. 韩国	Hánguó	名	韓国
11. 张小欢	Zhāng Xiǎohuān	名	張小歓（人名）
12. 田中 英夫	Tiánzhōng Yīngfū	名	田中　英夫（人名）
13. 玛丽	Mǎlì	名	マリー（人名）
14. 大卫	Dàwèi	名	デビット（人名）
15. 金美善	Jīn Měishàn	名	金美善（人名）
16. 山本 一郎	Shānběn Yīláng	名	山本　一郎（人名）
17. 本田 英夫	Běntián Yīngfū	名	本田　英夫（人名）
18. 中田 美子	Zhōngtián Měizǐ	名	中田　美子（人名）
19. 大家	dàjiā	名	みなさん

1. 替换练习 ◆ 例文にならって、下線部の言葉を置き換えて練習しなさい。

Zhāng Xiǎohuān （例）张　小欢*	Tiánzhōng Yīngfū （1）田中　英夫*	Mǎlì （2）玛丽*	Dàwèi （3）大卫*	Jīn Měishàn （4）金　美善*

 中国	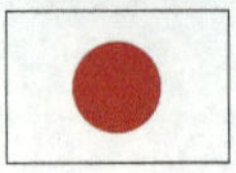 日本	 Yīngguó 英国*	 Měiguó 美国*	 Hánguó 韩国*
老师	gōngsī zhíyuán 公司　职员*	jiātíng zhǔfù 家庭　主妇*	yīsheng 医生*	liúxuéshēng 留学生*

①（例）　Tā　jiào shénme?

A：她*　叫　什么？

Tā jiào Zhāng Xiǎohuān.

B：她 叫　张　　小欢。

②（例）　Zhāng　Xiǎohuān shì Zhōngguórén　ma?

A：张　　小欢　　是　中国人　　吗？

Shì, tā shì Zhōngguórén.

B：是，她 是　中国人。

③（例）　Zhāng Xiǎohuān　shì　lǜshī　ma?

A：张　　小欢　　是　律师* 吗？

Bù, tā　bú shì　lǜshī,　tā shì　lǎoshī.

B：不，她 不 是　律师*，她 是　老师。

④（例）　Tā(Tā) shì Zhōngguó lǎoshī,

A：他（她）是　中国　　老师，

Zhāng Xiǎohuān ne?
张　小欢　呢？

Zhāng Xiǎohuān yě shì Zhōngguó lǎoshī.
B：张　小欢　也是　中国　老师。

2. 练习对话　◆ 次の会話を練習し、下線部を入れ換えて、隣席の人と会話しなさい。

①

Nǐ hǎo!
A：你好！
Nǐ hǎo!
B：你好！
Nǐ jiào shénme?
A：你 叫 什么？
Wǒ jiào Běntián Yīngfū.
B：我 叫 本田 英夫。
Nǐ shì Rìběnrén ma?
A：你是 日本人 吗？
Shì, wǒ shì Rìběn liúxuéshēng. Nǐ ne?
B：是，我是 日本 留学生。 你呢？
Wǒ yě shì Rìběn liúxuéshēng, wǒ jiào Shānběn Yīláng. Qǐng duō guānzhào.
A：我也是 日本 留学生，我 叫 山本 一郎。 请 多 关照。

Shānběn Yīláng　Běntián Yīngfū
山本 一郎*　本田 英夫*

②

Nǐ hǎo! Wǒ jiào Dàwèi, shì Měiguórén.
A：你好！ 我 叫 大卫，是 美国人。
Wǒ jiào Tiánzhōng Yīngfū, shì Rìběnrén.
B：我 叫 田中 英夫，是 日本人。
Nǐ shì dàxuéshēng ma?
A：你是 大学生* 吗？

Dàwèi　Tiánzhōng Yīngfū
大卫　田中 英夫

Bú shì, wǒ shì gōngsī zhíyuán, nín ne?
B：不是，我是公司职员，您呢？
Wǒ shì yīsheng.
A：我是医生。
Qǐng duō guānzhào.
B：请多关照。

3. 语段表达 ◆ 習った中国語を使ってみよう。

① 大声朗读 ◆ 声に出して読みなさい。

Dàjiā hǎo, wǒ jiào Zhōngtián Měizǐ, wǒ shì Rìběnrén,
大家* 好，我叫中田美子*，我是日本人，
wǒ shì dàxuéshēng. Qǐng duō guānzhào.
我是大学生。请多关照。

② 说说自己 ◆ 自己紹介をしなさい。

Dàjiā hǎo, wǒ jiào ……, wǒ shì …… rén, wǒ shì …….
大家好，我叫______，我是______人，我是______。
Qǐng duō guānzhào.
请多关照。

（附）语音练习 ◆ 発音練習

① 反复跟读 ◆ 次の音節を繰り返し発音しなさい。

zhī	zhí	zhǐ	zhì	zhē	zhé	zhě	zhè
chī	chí	chǐ	chì	chē	ché	chě	chè
shī	shí	shǐ	shì	shē	shé	shě	shè
(rī)	(rí)	(rǐ)	rì	(rē)	(ré)	rě	rè

②反复跟读　◆ 次の言葉を繰り返し発音しなさい。

lìshǐ	历史(歴史)	chídào	迟到(遅刻する)
rìlì	日历(カレンダー)	shèhuì	社会(社会)
hěn rè	很热(暑い)	jìzhě	记者(記者)
hǎochī	好吃(おいしい)	lǎoshī	老师(先生)
zhīdao	知道(知っている)	diànchē	电车(電車)

③反复跟读，注意四声　◆ 声調に注意しながら発音しなさい。

Zhāng	Wáng	Lǐ	Zhào	Zhōng	Hán	Měi	Rì
张	王	李	赵	中	韩	美	日

背诵格言　◆次の格言を暗唱しなさい。

Zhìzhě qiān lǜ, bì yǒu yì shī.
智者千虑，必有一失。
弘法も筆のあやまり。

Dì'èrkè Nǐ de diànhuà hàomǎ shì duōshao?

第二课 你的电话号码是多少?

≈≈連絡先をたずねる≈≈

基本句型 ◆基本文型

1	你们最近忙吗?	Nǐmen zuìjìn máng ma?
2	山田不忙,我很忙。	Shāntián bù máng, wǒ hěn máng.
3	你的电话号码是多少?	Nǐ de diànhuà hàomǎ shì duōshao?
4	我没有手机。	Wǒ méi yǒu shǒujī.
5	我有电子邮箱。	Wǒ yǒu diànzǐ yóuxiāng.
6	这是我的名片。	Zhè shì wǒ de míngpiàn.

会话 ◆会話

Zài lùshang ǒuyù de duìhuà

1. 在 路上 偶遇 的 对话

◆ 道で出会ったときの会話

A: Shāntián, nǐ hǎo, zuìjìn máng ma?
B: Bù máng, nǐ ne?
A: Wǒ hěn máng.
Duì le, wǒ méi yǒu nǐ de diànhuà,
nǐ de diànhuà hàomǎ shì duōshao?
B: Líng sān - wǔ sì èr yāo, nǐ de ne?
A: Wǒ de shì líng qī wǔ - èr yāo sì qī.

A: 山田,你好,最近忙吗?
B: 不忙,你呢?
A: 我很忙。对了,我没有你的电话,你的电话号码是多少?

B：03-5421，你的呢?
A：我的是075－2147。

Chūcì jiànmiàn shí de duìhuà
2. 初次 见面 时 的 对话
◆ 初めて知り合った時の会話

A：Tiánzhōng xiānsheng，qǐngwèn，nín yǒu diànzǐ yóuxiāng ma?
B：Yǒu，zhè shì wǒ de míngpiàn，zhè shì wǒ de diànzǐ yóuxiāng.
A：Xièxie，nín yǒu shǒujī ma?
B：Duìbuqǐ，wǒ méi yǒu shǒujī.

A：田中先生，请问，您有电子邮箱吗?
B：有，这是我的名片，(用手指着名片上的邮箱地址)这是我的电子邮箱。
A：谢谢，您有手机吗?
B：对不起，我没有手机。

生词和短语　◆新出単語と短文表現

1. 最近	zuìjìn	名	近頃
2. 忙	máng	形	忙しい
3. 很	hěn	副	とても
4. 对了	duì le		そうだ、ところで
5. 没有	méi yǒu		持っていない、ない
6. 电话号码	diànhuà hàomǎ		電話番号
7. 多少	duōshao	疑	いくつ(数量をたずねる)
8. 的	de	助	～の(所有、所属を表す)
9. 先生	xiānsheng	名	～さん(男性)
10. 请问	qǐngwèn		おたずねしますが
11. 电子邮箱	diànzǐ yóuxiāng		メールアドレス
12. 有	yǒu	動	持つ、ある、いる
13. 这	zhè	代	これ

14. 名片	míngpiàn	名	名刺
15. 手机	shǒujī	名	携帯電話
16. 谢谢	xièxie	動	ありがとう
17. 对不起	duìbuqǐ		すみません
18. 你们	nǐmen	代	あなたたち

shùzì
数字 ◆数字

yī(yāo)	èr(liǎng)	sān	sì	wǔ	liù	qī	bā	jiǔ	shí	líng
1	2	3	4	5	6	7	8	9	10	0
一(幺)	二(两)	三	四	五	六	七	八	九	十	零

生词练习 ◆单語練習

1. 听音标序号 ◆ 発音を聞いて下のピンインに番号をつけなさい。

①

zhè これ	hěn とても	máng 忙しい	yǒu 持つ	duì le そうだ!
	①			

②

nǐmen あなたたち	zuìjìn 近頃	xièxie ありがとう	duōshao いくつ	hàomǎ 番号

③

míngpiàn 名刺	shǒujī 携帯電話	xiānsheng 〜さん	diànzǐ yóuxiāng メールアドレス	duìbuqǐ すみません

2. 听音标序号　◆ 発音を聞いて下の絵に番号をつけなさい。

3. 听音标序号　◆ 発音を聞いて下の漢字に番号をつけなさい。

①

没有	很忙	最近	多少	对了
			①	

②

对不起	先生	电话	电子邮箱	名片

③

三八	五一	五四	九九	十一

4. 注音朗读　◆ 下の単語にピンインをつけて発音しなさい。

①

名片	先生	手机	电话号码	对不起

②

谢谢	很忙	最近	多少	请问

会话练习 ◆会話練習

1. 跟读写汉字 ◆ CDを聞いて発音した上で、漢字を書き入れなさい。

① Máng ma?

② Wǒ hěn máng.

③ Diànzǐ yóuxiāng.

④ Nǐ de diànhuà.

⑤ Shì duōshao?

⑥ Wǒ méi yǒu.

⑦ Yǒu shǒujī ma?

⑧ Zhè shì wǒ de míngpiàn.

2. 听音选择 ◆ CDを聞いて発音されたほうに√をつけなさい。

例	A	B	C
(1) Wǒ hěn máng.	(1) Diànzǐ yóuxiāng.	(1) Shì duōshao?	(1) Wǒ méi yǒu shǒujī.
√ (2) Wǒ bù máng.	(2) Diànhuà hàomǎ.	(2) Shì wǒ de.	(2) Wǒ yǒu shǒujī.

3. 边听边连线 ◆ CDを聞いて内容が合うものを線でつなぎなさい。

(1) Nǐ zuìjìn máng ma? —— A. わたしは忙しいくないですが、あなたは。

(2) Wǒ bù máng, nǐ ne? —— B. 近頃忙しいですか。

(3) Wǒ hěn máng. —— C. 電話番号は何番ですか。

(4) Nǐ de diànhuà hàomǎ shì duōshao? —— D. わたしは携帯電話を持っていません。

(5) Wǒ méi yǒu shǒujī. —— E. メールアドレスをお持ちですか。

(6) Nǐ yǒu diànzǐ yóuxiāng ma? —— F. これはわたしの名刺です。

(7) Zhè shì wǒ de míngpiàn. —— G. とても忙しいです。

4. 标调或注音 ◆ 声調符号やピンインをつけなさい。

① 听发音标声调 ◆ 発音を聞いて声調符号をつけなさい。

(1)	(2)
Ni zuijin mang ma?	Ni de dianhua haoma shi duoshao?

② 听发音标拼音 ◆ 発音を聞いてピンインをつけなさい。

(1)	(2)
我没有手机。	这是我的名片。

5. 看图说话 ◆ 絵を見ながら、下線部に言葉を入れて文を完成させなさい。

①

A

Nǐ hǎo!
Zuìjìn máng ma?

Wǒ hěn máng.

B

Bù máng，nǐ ne?

②

A

Nǐ hǎo!
Zuìjìn máng ma?

Wǒ yě hěn______

B

Wǒ hěn______，nǐ ne?

③

A

Qǐngwèn，nǐ de diànhuà hàomǎ shì duōshao?

Nǐ yǒu shǒujī ma?

Nǐ yǒu diànzǐ yóuxiāng ma?

B

Wǒ de diànhuà hàomǎ shì 03-6275 (líng sān liù èr qī wǔ).

Duìbuqǐ，wǒ méi yǒu shǒujī.

Yǒu，zhè shì wǒ de míngpiàn.

④

A

Qǐngwèn，nǐ de diànhuà hàomǎ shì duōshao?

Nǐ yǒu shǒujī ma?

Nǐ yǒu diànzǐ yóuxiāng ma?

B

Wǒ de diànhuà hàomǎ shì______.

Duìbuqǐ，__________
________.

Yǒu，__________
________.

扩展练习 ◆ステップアップ

生词 ◆ 新出単語

1. 累	lèi	形	疲れる
2. 饿	è	形	お腹がすいている
3. 渴	kě	形	のどが渇いている
4. 电脑	diànnǎo	名	パソコン

5. 书	shū	名	本
6. 杂志	zázhì	名	雑誌
7. 电视	diànshì	名	テレビ
8. 辞典	cídiǎn	名	辞書
9. 报纸	bàozhǐ	名	新聞
10. 赵	Zhào	名	趙(姓)
11. 小姐	xiǎojiě	名	(若い女性に対して)～さん
12. 小	xiǎo	名	(姓につける)～さん
13. 张	Zhāng	名	張(姓)
14. 护照	hùzhào	名	パスポート
15. 学生证	xuéshēngzhèng	名	学生証
16. 年级	niánjí	名	学年、～年生

1. 替换练习　◆ 例文にならって、下線部の言葉を置き換えて練習しなさい。

①

（例）忙	lèi （1）累*	è （2）饿*	kě （3）渴*

（例）　Nǐ máng ma?

A：你 忙 吗？

Wǒ bù máng, nǐ ne?

B：我 不 忙，　你 呢？

Wǒ hěn máng.

A：我 很 忙。

②

（例）手机	diànnǎo （1）电脑*	shū （2）书*	zázhì （3）杂志*
田中	老师	山本先生	她

（例） Zhè shì wǒ de shǒujī.
A：这 是 我 的 手机。
Nà shì Tiánzhōng de.
B：那 是 田中 的。

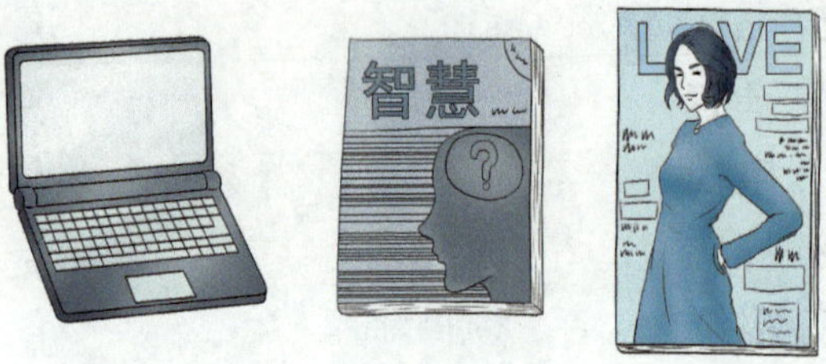

③

（例）电话	（1）电脑	（2）书	（3）杂志
手机	diànshì 电视*	cídiǎn 辞典*	bàozhǐ 报纸*

Wǒ yǒu diànhuà, méi yǒu shǒujī.
（例） 我 有 电话， 没 有 手机。

④

（例） 您	Zhào （1）赵*老师	xiǎojiě （2）山田小姐*	Zhāng （3）小张*
电话	手机	hùzhào 护照*	xuéshēngzhèng 学生证*
62758	13904	TF742	09538

Qǐngwèn, nín de diànhuà hàomǎ shì duōshao?
（例） A：请 问，您 的 电话 号码 是 多少？
Shì liù èr qī wǔ bā.
B：是 62758。

2. 练习对话 ◆ 次の会話を練習し、下線部を入れ換えて、隣席の人と会話しなさい。

① **电话对话** ◆ 電話を使っての会話

Wèi, nǐ hǎo!
A：喂，你 好！
Míngzǐ ma? Wǒ shì Zhāng Xiǎohuān.
B：明子 吗？ 我 是 张 小欢。

Xiǎohuān，nǐ hǎo ma？
A：小欢，　你 好 吗？
Wǒ hěn hǎo，xièxie nǐ.
B：我 很 好，谢谢 你。
Wǒ zuìjìn hěn máng，hěn lèi. nǐ ne？
A：我 最近 很 忙，很 累。你 呢？
Míngzǐ，nǐ yǒu Zhào lǎoshī de diànhuà
B：明子，你 有 赵老师 的 电话
hàomǎ ma？
号码 吗？
Yǒu，shì líng liù-yāo sān liù wǔ.
A：有，是 06-1365。
Xièxie nǐ.
B：谢谢 你。

② 介绍朋友的对话　◆ 友達に先生を紹介する会話

Nǐmen hǎo，zhè shì Tiánzhōng xiǎojiě，
A：你们 好，这 是 田中 小姐，
zhè shì Zhào lǎoshī.
这 是 赵老师。
Nín hǎo，zhè shì wǒ de míngpiàn，qǐng
B：您 好，这 是 我 的 名片，请
duō guānzhào.
多 关照。
Duìbuqǐ，wǒ méi yǒu míngpiàn.
C：对不起，我 没有 名片。
Nín yǒu diànzǐ yóuxiāng ma？
B：您 有 电子 邮箱 吗？
Duìbuqǐ，yě méi yǒu. Wǒ yǒu shǒujī.
C：对不起，也 没有。我 有 手机。

3. 语段表达 ◆ 習った中国語を使ってみよう。

① 大声朗读 ◆ 声に出して読みなさい。

Wǒ jiào Tiánzhōng Měizǐ, shì A dàxué sì'niánjí xuésheng,
我 叫 田中 美子，是A大学 四年级* 学生，

wǒ hěn máng.
我很忙。

Wǒ méi yǒu diànhuà, yǒu shǒujī, yě yǒu diànzǐ yóuxiāng.
我没有电话，有手机，也有电子邮箱。

Zhè shì wǒ de míngpiàn, qǐng duō guānzhào.
这是我的名片，请多关照。

② 说说自己 ◆ 自己紹介をしなさい。

Wǒ jiào ……, shì ……, wǒ …… máng.
我叫________，是________________，我________忙。

Wǒ méi yǒu ……, yǒu ……, yě yǒu …….
我没有________，有________，也有________。

Zhè shì wǒ de míngpiàn, qǐng duō guānzhào.
这是我的名片，请多关照。

(附) 语音练习 ◆ 発音練習

① 反复跟读 ◆ 次の音節を繰り返し発音しなさい。

zī (zí) zǐ zì	(zē) zé (zě) zè	zū zú zǔ (zù)
cī cí cǐ cì	(cē) (cé) (cě) cè	cū cú (cǔ) cù
sī (sí) sǐ sì	(sē) (sé) (sě) sè	sū sú (sǔ) sù

② 反复跟读　◆ 次の言葉を繰り返し発音しなさい。

zìjǐ	自己（自分）	cèsuǒ	厕所（トイレ）
zìsī	自私（わがまま）	zǐsè	紫色（紫色）
shēngcí	生词（新出単語）	chūzūchē	出租车（タクシー）
hànzì	汉字（漢字）	chīcù	吃醋（嫉妬する）
Jīn'gésì	金阁寺（金閣寺）	sùdù	速度（速度）

③ 反复跟读，注意三声变调　◆ 三声の変化に注意しながら、発音しなさい。

你好	nǐ hǎo	→	ní hǎo
很好	hěn hǎo	→	hén hǎo
很渴	hěn kě	→	hén kě
洗澡	xǐ zǎo	→	xí zǎo
我有	wǒ yǒu	→	wó yǒu

绕口令　◆早口ことば

Sì shì sì, shí shì shí. Shísì shì shísì, sìshí shì sìshí.

四 是 四，十 是 十。十四 是 十四，四十 是 四十。

Sìshisì zhī shíshīzi shì sǐ de.

四十四 只 石狮子 是 死 的。

Dìsānkè　Nǐ jiā yǒu jǐkǒu rén?

第三课　你家有几口人?

~~家族構成~~

基本句型　◆基本文型

1	你家有几口人?	Nǐ jiā yǒu jǐkǒu rén?
2	我有一个哥哥和一个姐姐。	Wǒ yǒu yíge gēge hé yíge jiějie.
3	你爸爸做什么工作?	Nǐ bàba zuò shénme gōngzuò?
4	他教汉语。	Tā jiāo Hànyǔ.
5	我妈妈不工作。	Wǒ māma bù gōngzuò.
6	那个女孩儿是谁?	Nàge nǚháir shì shéi?
7	她是我哥哥的女朋友。	Tā shì wǒ gēge de nǚpéngyou.

会话　◆会話

Péngyou zhījiān de duìhuà
1. 朋友　之间　的 对话
◆ 友だち同士で家族のことを話し合う会話

A：Shāntián，nǐ jiā yǒu jǐkǒu rén?

B：Wǒ jiā yǒu wǔkǒu rén，bàba，māma，liǎngge gēge hé wǒ.

A：Nǐ bàba zuò shénme gōngzuò?

B：Tā shì dàxué lǎoshī.

A：Tā jiāo shénme?

B：Tā jiāo Hànyǔ.

A：Nǐ māma ne?

B：Tā shì jiātíng zhǔfù，bù gōngzuò.

A：山田，你家有几口人？
B：我家有五口人，爸爸、妈妈、两个哥哥和我。
A：你爸爸做什么工作？
B：他是大学老师。
A：他教什么？
B：他教汉语。
A：你妈妈呢？
B：她是家庭主妇，不工作。

Kàn zhàopiàn duìhuà
2. 看　照片　对话
◆ 写真を見ながら家族のことを話し合う会話。

A：Língmù，nǐ jiā yǒu jǐge háizi?
B：Sānge，wǒ yǒu yíge gēge hé yíge jiějie.
A：Zhè shì nǐ jiā de zhàopiàn ma?
B：Shì a，zhè shì wǒ bàba，zhè shì wǒ māma，
zhè shì wǒ gēge，zhè shì wǒ jiějie.
A：Zhège nǚháir shì shéi?
B：Zhè shì wǒ gēge de nǚpéngyou.

A：铃木，你家有几个孩子？
B：三个，我有一个哥哥和一个姐姐。
A：这是你家的照片吗？
B：是啊，这是我爸爸，这是我妈妈，
这是我哥哥，这是我姐姐。
A：这个女孩儿是谁？
B：这是我哥哥的女朋友。

生词和短语　◆新出単語と短文表現

1. 家	jiā	名	家
2. 几	jǐ	疑	いくつ（10以下の数を問う場合）

3. 口	kǒu	量	～人(家族の人数を数える)
4. 爸爸	bàba	名	お父さん
5. 妈妈	māma	名	お母さん
6. 两	liǎng	数	二つ
7. 个	ge	量	～人、～個(人や物を数える)
8. 哥哥	gēge	名	お兄さん
9. 和	hé	接	～と
10. 做	zuò	動	～をする
11. 工作	gōngzuò	動 / 名	働く、仕事
12. 教	jiāo	動	教える
13.汉语	Hànyǔ	名	中国語
14. 铃木	Língmù	名	鈴木(姓)
15. 孩子	háizi	名	子供
16. 姐姐	jiějie	名	お姉さん
17. 照片	zhàopiàn	名	写真
18. 啊	a	助	文末につけて、感嘆の気持ちを表す
19. 女孩儿	nǚháir	名	女の子
20. 谁	shéi	疑	だれ
21. 女朋友	nǚpéngyou	名	ガールフレンド

生词练习 ◆単語練習

1. 听音标序号 ◆ 発音を聞いて下のピンインに番号をつけなさい。

①

jiā 家	liǎngge 二つ	jiāo 教える	kǒu ～人	háizi 子供
	①			

②

gēge お兄さん	jiějie お姉さん	bàba お父さん	māma お母さん	Hànyǔ 中国語

③

gōngzuò 仕事	nǚháir 女の子	zhàopiàn 写真	nǚpéngyou ガールフレンド	shéide だれの

2. 听音标序号　◆　発音を聞いて下の絵に番号をつけなさい。

3. 听音标序号　◆　発音を聞いて下の漢字に番号をつけなさい。

①

你家	几口	两个	我家	什么工作
	①			

②

妈妈	爸爸	姐姐	哥哥	朋友

③

几口人	两个孩子	三口人	我的照片	我和妈妈

4. 注音朗读　◆　下の単語にピンインをつけて発音しなさい。

①

几个	工作	做什么	教汉语	照片

②

爸爸	哥哥	姐姐	女朋友	女孩儿

会话练习 ◆会話練習

1. 跟读写汉字 ◆ CDを聞いて発音した上で、漢字を書き入れなさい。

① Yǒu jǐkǒu rén?

② Yíge gēge.

③ Zuò shénme gōngzuò?

④ Zhège nǚháir shì shéi?

⑤ Wǒ yǒu jiějie.

⑥ Yǒu jǐge háizi?

⑦ Jiāo Hànyǔ.

⑧ Wǒ gēge de nǚpéngyou.

2. 听音选择 ◆ CDを聞いて発音されたほうに√をつけなさい。

例	A	B	C
(1) Jǐkǒu rén? √(2) Jǐge rén?	(1) Tā jiào shénme? (2) Tā jiāo shénme?	(1) Wǒ yǒu gēge. (2) Méi yǒu gēge.	(1) Wǒ gēge de nǚpéngyou. (2) Wǒ jiějie de péngyou.

3. 边听边连线 ◆ CDを聞いて内容が合うものを線でつなぎなさい。

(1) Nǐ bàba zuò shénme gōngzuò?	A 何人のお子さんがおられますか。
(2) Nǐ jiā yǒu jǐkǒu rén?	B お父さんは何の仕事をなっさていますか。
(3) Nǐ yǒu jǐge háizi?	C お兄さんとお姉さんがおられますか。
(4) Nǐ yǒu gēge hé jiějie ma?	D 彼は何を教えていますか。
(5) Zhè shì shéi de zhàopiàn?	E この女の子は誰ですか。
(6) Tā jiāo shénme?	F これはあなたのお姉さんですか。
(7) Zhège nǚháir shì shéi?	G これはどなたの写真ですか。
(8) Zhè shì nǐ jiějie ma?	H お母さんは働いておられますか。
(9) Nǐ māma gōngzuò ma?	I あなたの家は何人家族ですか。

4. 标调或注音 ◆ 声調符号やピンインをつけなさい。

① 听发音标声调 ◆ 発音を聞いて声調符号をつけなさい。

(1)	(2)
Ni zuo shenme gongzuo?	Nage nanhair shi shei?

② 听发音标拼音 ◆ 発音を聞いてピンインをつけなさい。

(1)	(2)
你家有几口人?	她教汉语。

5. 看图说话 ◆ 絵を見ながら、下線部に言葉を入れて文を完成させなさい。

①

②

A

Nǐ jiā yǒu jǐkǒu rén?

Nǐ bàba zuò ________gōngzuò?

Tā jiào________?

B

Wǔkǒu，________，________hé wǒ.

Tā shì ________.

Tā jiào________

③

A

Zhè shì nǐ jiā de zhàopiàn ma?

Zhège nǚháir shì shéi?

B

Shì a，zhè shì wǒ bàba，zhè shì wǒ māma，zhè shì wǒ gēge.

Zhè shì wǒ gēge de nǚpéngyou.

④

A

Zhè shì nǐ jiā de ________ma?

Zhège nǚháir shì ________?

B

Shì a，zhè shì wǒ____，zhè shì wǒ________，zhè shì wǒ________.

Zhè shì__________.

扩展练习 ◆ステップアップ

生词 ◆ 新出単語

1. 班	bān	名	クラス
2. 学校	xuéxiào	名	学校
3. 英语	Yīngyǔ	名	英語

4. 弟弟	dìdi	名	弟
5. 妹妹	mèimei	名	妹
6. 只	zhī	量	～匹（動物を数える）
7. 狗	gǒu	名	犬
8. 猫	māo	名	猫
9. 台	tái	量	～台（電気製品などを数える）
10. 本	běn	量	～冊（本や雑誌などを数える）
11. 男的	nánde	名	男性
12. 先生	xiānsheng	名	夫
13. 女的	nǚde	名	女性
14. 太太	tàitai	名	奥さん、妻
15. 老人	lǎorén	名	老人、お年寄
16. 爷爷	yéye	名	おじいさん
17. 奶奶	nǎinai	名	おばあさん
18. 男孩儿	nánháir	名	男の子
19. 儿子	érzi	名	息子
20. 中学	zhōngxué	名	中学校（高校も含む）
21. 化学	huàxué	名	化学
22. 数学	shùxué	名	数学
23. 女儿	nǚ'ér	名	娘
24. 学	xué	動	学ぶ
25. 法语	Fǎyǔ	名	フランス語
26. 男朋友	nánpéngyou	名	ボーイフレンド
27. 文学	wénxué	名	文学
28. 看	kàn	動	見る
29. 同学	tóngxué	名	クラスメート
30. 兄弟姐妹	xiōngdì jiěmèi		兄弟姉妹

1. 替换练习 ◆ 例文にならって、下線部の言葉を置き換えて練習しなさい。

(例) 你 家	(1) 田中先生 家	bān (2) 他们 班*	xuéxiào (3) 你们 学校*
三口 人	两个 孩子	八个 学生	Yīngyǔ 三个 英语*老师

① (例)

Nǐ jiā yǒu jǐkǒu rén?

A:你 家 有 几口 人?

Wǒ jiā yǒu sānkǒu rén?

B:我 家 有 三口 人。

②

(例) 个	(1) 个	zhī (2) 只*	(3) 个	tái (4) 台*
dìdi 弟弟* mèimei 妹妹*	韩国 朋友 美国 朋友	gǒu 狗* māo 猫*	手机 电子 辞典	电脑 电视

(例)

Wǒ yǒu yíge dìdi hé yíge mèimei.

我 有 一个 弟弟 和 一个 妹妹。

③

nánde (例) 男的*	nǚde (1) 女的*	lǎorén (2) 老人*	lǎorén (3) 老人	nánháir (4) 男孩儿*
xiānsheng 我 先生*	tàitai 我 太太*	yéye 我 爷爷*	nǎinai 我 奶奶*	érzi 田中的儿子*

(例)

Nàge nánde shì shéi?

A:那个 男的 是 谁?

Nà shì wǒ xiānsheng.

B:那 是 我 先生。

④

（例）你 爸爸	（1）你 妈妈	nǚ'ér （2）你 女儿*	nánpéngyou （3）你的 男朋友*
zhōngxué 中学*老师	大学 老师	大学生	中国 留学生
huàxué 教/化学*	shùxué 教/数学*	xué　Fǎyǔ 学*/法语*	wénxué 学/日本 文学*

（例）
Nǐ bàba zuò shénme gōngzuò?
A：你爸爸 做 什么 工作？
Tā shì zhōngxué lǎoshī.
B：他 是 中学 老师。
Tā jiāo shénme?
A：他 教 什么？
Tā jiāo huàxué.
B：他 教 化学。

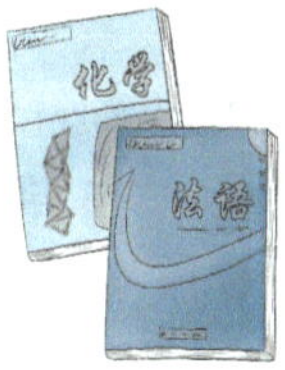

2. 练习对话　◆ 次の会話を練習し、下線部を入れ換えて、隣席の人と会話しなさい。

①

Tiánzhōng xiānsheng, nín jiā yǒu jǐkǒu rén?
A：田中 先生， 您 家 有 几口 人？
Sānkǒu rén, wǒ、wǒ tàitai hé wǒ nǚ'ér.
B：三 口 人，我、我 太太 和 我 女儿。
Nín tàitai zuò shénme gōngzuò?
A：您 太太 做 什么 工作？
Tā shì jiātíng zhǔfù, bù gōngzuò.
B：她 是 家庭 主妇，不 工作。
Nín nǚ'ér ne?
A：您 女儿 呢？
Tā shì dàxuéshēng.
B：她 是 大学生。

Tā xué shénme?
A：她学 什么？
Tā xué Zhōngguó wénxué.
B：她学 中国 文学。

②

Shānběn tàitai，qǐngwèn，nín yǒu háizi ma?
A：山本 太太，请问，您 有 孩子 吗？
Yǒu，wǒ yǒu yíge érzi hé yíge nǚ'ér.
B：有，我有 一个儿子和一个女儿。
Nín yǒu tāmen de zhàopiàn ma?
A：您 有 他们 的 照片 吗？
Yǒu，nǐ kàn，zhè shì wǒ érzi，zhè shì wǒ nǚ'ér.
B：有，你看*，这 是 我 儿子，这 是 我 女儿。
Zhège nánháir shì shuí?
A：这个 男孩儿 是 谁？
Tā shì wǒ nǚ'ér de tóngxué.
B：他是 我女儿 的 同学*。

3. 语段表达 ◆ 習った中国語を使ってみよう。

① 大声朗读 ◆ 声に出して読みなさい。

Wǒ jiào Tiánzhōng Yǒuměi，shì B dàxué èrniánjí de xuésheng，wǒ xué
我 叫 田中 友美，是B大学 二年级的 学生， 我学
Zhōngguó wénxué. Zhè shì wǒ jiā de zhàopiàn，wǒ jiā yǒu sānkǒu rén，
中国 文学。这 是我家的 照片， 我家有 三口 人，
bàba、māma hé wǒ，wǒ méi yǒu xiōngdì jiěmèi. Wǒ bàba shì dà
爸爸、妈妈 和我，我 没有 兄弟 姐妹*。我爸爸是 大
xué lǎoshī，tā jiāo Fǎyǔ；wǒ māma bù gōngzuò，tā shì jiātíng zhǔfù.
学 老师，他 教 法语；我妈妈不 工作， 她是 家庭 主妇。

② 说说自己　◆　自己紹介をしなさい。

Wǒ jiào ……, shì ……, wǒ xué …….
我叫______，是__________________，我学______。

Zhè shì wǒ jiā de zhàopiàn, wǒ jiā yǒu …… kǒu rén, …… hé
这是我家的照片，我家有_____口人，_____和

……. Wǒ …… shì ……, tā ……;
______。我______是______，他_________；

wǒ …… shì …….
我______是_________。

（附）语音练习　◆　発音練習

① 反复跟读　◆　次の音節を繰り返し発音しなさい。

jī jí jǐ jì	jiē jié jiě jiè	(nū) (nú) nǔ nù
qī qí qǐ qì	qiē qié qiě qiè	
xī xí xǐ xì	xiē xié xiě xiè	(lū) lú lǔ lù

② 反复跟读　◆　次の言葉を繰り返し発音しなさい。

sījī	司机（運転手）	xièxie	谢谢（ありがとう）
qìchē	汽车（車）	sìjì	四季（四季）
xǐyījī	洗衣机（洗濯機）	shìjiè	世界（世界）
nǚshì	女士（女性）	qiézi	茄子（茄子）
lǜsè	绿色（緑色）		

③ 反复跟读，注意四声　◆　声調に注意しながら発音しなさい。

māma	yéye	jiějie	bàba	yìzhī	yìtái	yìkǒu	yíge
妈妈	爷爷	姐姐	爸爸	一只	一台	一口	一个

背诵格言 ◆次の格言を暗唱しなさい。

Lǎojì fú lì, zhì zài qiānlǐ.
老骥 伏 枥,志 在 千里。
一日に千里を走る馬は年老いて厩舎に繋がれても、
心は千里の彼方を疾駆している。

第一課～第三課・文法のまとめ

＜第一課＞

1.「～是～」の構文

（１）「A是B」（AはBです）という動詞構文は、話し手の判断をあらわすことが多く、「判断文」ともいわれる。

我是学生。　（わたしは学生です。）

（２）否定するときは、副詞「不」を動詞の前におく。

他不是中国人。　（彼は中国人ではありません。）

（３）語気助詞の「吗」を文末におくと、そのままの形で、YesかNoかをたずねる疑問文となる。

他是中国人吗？　（彼は中国人ですか。）

2. 副詞の位置

中国語では、副詞は修飾される動詞や形容詞の前におく。

老师也不是中国人。　（先生も中国人ではありません。）

3. 語気助詞の「呢」

語気助詞の「呢」は、名詞に直接つけて、相手に聞き返すことができる。質問の内容は、対話の流れのなかで示される。

我是学生，您呢？　（わたしは学生ですが、あなたは。）

4. 人称代名詞

我 wǒ	→	我们 wǒmen
你/您 nǐ/nín	→	你们 nǐmen
他/她/它 tā	→	他/她/它们 tāmen

<第二課>

1. 形容詞述語文

（1）形容詞は主語の後ろにおいて述語となることができる(この時、第1課で学んだ「是」を使わないことに注意してほしい)。しかし、形容詞は単独で用いられると対比する意味になるので、主語の状態や性質を述べるときは、「很」などの副詞をつけてあらわすことが多い。

我很忙。　　　　（わたしは忙しいです。）

（2）否定するときは、副詞の「不」を形容詞の前におく。

山田不忙。　　　（山田君は忙しくありません。）

（3）語気助詞の「吗」を文末におくと、疑問文になる。

你们最近忙吗？　（あなたたちは、近頃忙しいですか。）

2. 指示詞

中国語では、事物を指し示す指示詞は「近称・遠称・不定称」の3種類である。この指示詞は、「是」構文の主語になることはできるが、目的語には使えない。

这 zhè	那 nà	哪 nǎ

这是我的名片。　　（これはわたしの名刺です。）

3.「的」の使い方

名詞や代名詞に助詞の「的」をつけて、後ろの名詞を修飾することができる。

你的电话号码　　（あなたの電話番号）

老师的名片　　　（先生の名刺）

4. 所有・所属をあらわす動詞「有」

動詞「有」は存在や所有・所属をあらわす。ほかの動詞は「不」でも否定できるが、この動詞の否定形は「没有」となるのが特色である。(存在をあらわす表現は、第4課参照)

我有电子邮箱。　　（わたしはメールアドレスを持っています。）

我没有手机。　　　　（わたしは携帯電話を持っていません。）
我有一个姐姐。　　　（わたしには一人の姉がいます。）

＜第三課＞

1. 動詞述語文

（1）動詞が目的語をとるときは､「主語＋動詞＋目的語」の語順となる。

他教汉语。　　　　（彼は中国語を教えます。）

（2）否定するときは､「不」､「没（有）」を動詞の前におく。「不」を使って否定すると､主観的な判断や意志､習慣の否定となる。

我妈妈不工作。　　（わたしのお母さんは働いていません。）

他教汉语，不教英语。

（彼は中国語を教えますが､英語を教えません。）

（3）語気助詞の「吗」を文末におくと､疑問文となる。

他教汉语吗？　（彼は中国語を教えますか。）

2. 名量詞

（1）中国語では事物を数える場合､その名詞固有の量詞が必要となる。

五口人　　　　　　（五人の家族）

一个哥哥　　　　　（一人の兄さん）

（2）指示詞が名詞を修飾する場合は､一般的には指示詞に量詞をつける。

这个女孩子　　　　（この女の子）

3.「的」の省略

人称代名詞が名詞を修飾するとき､修飾される語が親族・所属機関・方位をあらわすときは､「的」が省略される。

我姐姐　　　　　　（わたしの姉さん）

你家　　　　　　　（あなたの家）

我后头　　　　　　（わたしの後）

4.数量疑問詞「几」と「多少」

数量をたずねる疑問詞には「几」と「多少」がある。予想される数字がひとけたか、上限が明確な場合には「几」を、そうでない場合には「多少」を使う。「几」の場合は量詞が必要となるが、「多少」の場合は省略されることが多い。(「多少」は第2課参照)

你的电话号码是多少？　　（あなたの電話番号は何番ですか。）
你家有几口人？　　（お宅は何人家族ですか。）
今天几月几号？　　（今日は何月何日ですか。）

5.疑問詞疑問文

疑問詞は「哪」をのぞいて、そのままで主語や目的語になることができる。また連体修飾語となることもできるが、その場合「的」が必要な場合と、必要でない場合がある。疑問詞を使った疑問文では「吗」をつけない。

这个女孩子是谁？　　（この女の子は誰ですか。）
这是谁的照片？　　（これはどなたの写真ですか。）
他教什么？　　（彼は何を教えますか。）
你爸爸做什么工作？　　（あなたのお父さんはどんな仕事をされていますか。）
你要哪个？　　（あなたはどれが欲しいですか。）

Dìsìkè　Nǎr yǒu yīyuàn?

第四课　哪儿有医院?

~~場所をたずねる~~

基本句型　◆基本文型

1	请问,附近有医院吗?	Qǐngwèn, fùjìn yǒu yīyuàn ma?
2	附近没有医院。	Fùjìn méi yǒu yīyuàn.
3	医院在哪儿?	Yīyuàn zài nǎr?
4	医院在那儿。	Yīyuàn zài nàr.
5	医院在车站的东边。	Yīyuàn zài chēzhàn de dōngbian.

会话　◆会話

Wènlù

1. 问路

◆ 道をたずねる

A: Qǐngwèn, fùjìn yǒu yīyuàn ma?
B: Méi yǒu, fùjìn méi yǒu yīyuàn.
A: Nǎr yǒu yīyuàn?
B: Yīyuàn zài chēzhàn de dōngbian.

A: 请问,附近有医院吗?
B: 没有,附近没有医院。
A: 哪儿有医院?
B: 医院在车站的东边。

2. 在　超市

Zài chāoshì

◆ スーパーにて

A：Fúwùyuán，qǐngwèn，píngguǒ zài nǎr？
B：Zài nàr，zài shūcài de pángbiān.
B：Zhèzhǒng píngguǒ hěn xīnxiān.
A：Tián ma？
B：Hěn tián，yě hěn piányi.

A：服务员，请问苹果在哪儿？
B：在那儿，在蔬菜的旁边。
（一起到了买苹果的地方）
B：这种苹果很新鲜。
A：甜吗？
B：很甜，也很便宜。

生词和短语　◆新出単語と短文表現

1. 附近	fùjìn	名	近く、付近
2. 医院	yīyuàn	名	病院
3. 哪儿	nǎr	代	どこ、どちら
4. 在	zài	動	～にある、いる
5. 车站	chēzhàn	名	駅
6. 东边	dōngbian	名	東
7. 服务员	fúwùyuán	名	従業員、サービス係、店員
8. 苹果	píngguǒ	名	りんご
9. 那儿	nàr	代	そちら、あちら
10. 蔬菜	shūcài	名	野菜
11. 旁边	pángbiān	名	～のそば
12. 种	zhǒng	量	（人・事物の種類を数える）
13. 新鲜	xīnxiān	形	（食品などが）新鮮である
14. 甜	tián	形	甘い
15. 便宜	piányi	形	（値段が）安い

生词练习　◆単語練習

1. 听音标序号　◆　発音を聞いて下のピンインに番号をつけなさい。

①

zài ある(いる)	piányi 安い	tián 甘い	hěn とても	xīnxiān 新鮮である
		①		

②

yīyuàn 病院	píngguǒ りんご	chēzhàn 駅	fúwùyuán サービス係	shūcài 野菜

③

dōngbian 東	fùjìn 近く、付近	nǎr どこ	pángbiān ～のそば	nàr あちら

2. 听音标序号　◆　発音を聞いて下の絵に番号をつけなさい。

3. 听音标序号　◆　発音を聞いて下の漢字に番号をつけなさい。

①

便宜	在	甜	很	种
	①			

②

附近	那儿	旁边	哪儿	东边

③

车站	蔬菜	新鲜	苹果	服务员

4. 注音朗读 ◆ 下の単語にピンインをつけて発音しなさい。

①

甜	种	附近	在	很

②

新鲜	便宜	服务员	苹果	蔬菜

会话练习 ◆会話練習

1. 跟读写汉字 ◆ CDを聞いて発音した上で、漢字を書き入れなさい。

① Qǐngwèn.

② Yǒu yīyuàn.

③ Tián ma?

④ Hěn tián.

⑤ Zài nǎr?

⑥ Fúwùyuán.

⑦ Hěn xīnxiān.

⑧ Yě hěn piányi.

2. 听音选择　◆ CDを聞いて発音されたほうに√をつけなさい。

例	A	B	C
(1) Hěn tián. √ (2) Hěn piányi.	(1) Zài nǎr? (2) Zài nàr.	(1) Yǒu yīyuàn. (2) Méi yǒu yīyuàn.	(1) Píngguǒ zài shūcài de pángbiān. (2) Shūcài zài píngguǒ de pángbiān.

3. 边听边连线 ◆ CDを聞いて内容が合うものを線でつなぎなさい。

(1) Qǐngwèn, fùjìn yǒu yīyuàn ma?	A. おたずねしますが、近くに病院はありますか。
(2) Yīyuàn zài nàr.	B. 病院は駅の東にあります。
(3) Yīyuàn zài chēzhàn de dōngbian.	C. 病院はどこにありますか。
(4) Yīyuàn zài nǎr?	D. りんごは甘くて、しかも安いです。
(5) Píngguǒ hěn tián, yě hěn piányi.	E. 近くに病院はありません。
(6) Fùjìn méi yǒu yīyuàn.	F. 病院はあちらにあります。

4. 标调或注音　◆ 声調符号やピンインをつけなさい。

① 听发音标声调　◆発音を聞いて声調符号をつけなさい。

(1)	(2)	(3)
Pingguo zai nar?	Fujin mei you yiyuan.	Nar you yiyuan.

② 听发音标拼音　◆発音を聞いてピンインをつけなさい。

(1)	(2)	(3)
请问。	附近有医院吗?	医院在车站的东边。

5. 看图说话 ◆ 絵を見ながら、下線部に言葉を入れて文を完成させなさい。

①

A

Qǐngwèn, fùjìn yǒu yīyuàn ma?

Nǎr yǒu yīyuàn?

B

Méi yǒu, fùjìn méi yǒu yīyuàn.

Yīyuàn zài chēzhàn de dōngbian.

②

A

Qǐngwèn, fùjìn yǒu xuéxiào ma?

Nǎr yǒu_____?

B

Měi yǒu, fùjìn méi yǒu_____.

Xuéxiào zài_____de _____.

③

A

Fúwùyuán, qǐngwèn, píngguǒ zài nǎr?

Tián ma?

B

Zài nàr, zài shūcài de pángbiān.

Zhèzhǒng píngguǒ hěn xīnxiān.

Hěn tián, yě hěn piányí.

④

A

Fúwùyuán, qǐngwèn, shǒujī zài nǎr?

Piányi ma?

B

Zài nàr, zài_______ de_______.

Zhèzhǒng_______hěn hǎo.

Hěn_______, yě hěn hǎo.

扩展练习 ◆ステップアップ

生词 ◆ 新出単語

1. 笔记本	bǐjìběn	名	ノート
2. 桌子	zhuōzi	名	テーブル
3. 上边	shàngbian	名	上
4. 图书馆	túshūguǎn	名	図書館
5. 右边	yòubian	名	右
6. 下边	xiàbian	名	下
7. 笔	bǐ	名	ペン
8. 笔袋	bǐdài	名	ペンシルケース
9. 里边	lǐbian	名	中、内
10. 邮局	yóujú	名	郵便局
11. 左边	zuǒbian	名	左
12. 超市	chāoshì	名	スーパーマーケット
13. 西边	xībian	名	西
14. 银行	yínháng	名	銀行
15. 北边	běibian	名	北
16. 洗手间	xǐshǒujiān	名	お手洗い、洗面所
17. 办公室	bàngōngshì	名	事務室
18. 南边	nánbian	名	南
19. 近	jìn	形	近い
20. 方便	fāngbiàn	形	便利だ
21. 富士山	Fùshìshān	名	富士山(地名)
22. 高	gāo	形	高い
23. 美	měi	形	美しい
24. 大阪	Dàbǎn	名	大阪(地名)
25. 大	dà	形	大きい
26. 有名	yǒumíng	形	有名だ
27. 京都	Jīngdū	名	京都(地名)
28. 安静	ānjìng	形	静かだ
29. 远	yuǎn	形	遠い

30. 东京	Dōngjīng	名	東京(地名)
31. 温泉	wēnquán	名	温泉
32. 多	duō	形	多い
33. 名胜古迹	míngshèng gǔjì		名所旧跡
34. 奈良	Nàiliáng	名	奈良(地名)

1. 替换练习 ◆ 例文にならって、下線部の言葉を置き換えて練習しなさい。

①

bǐjìběn (例) 笔记本*	túshūguǎn (1)图书馆*	(2)书	bǐ (3)笔*	yóujú (4)邮局*
zhuōzi 桌子*	医院	桌子	bǐdài 笔袋*	学校
shàngbian 上边*	yòubian 右边*	xiàbian 下边*	lǐbian 里边*	zuǒbian 左边*

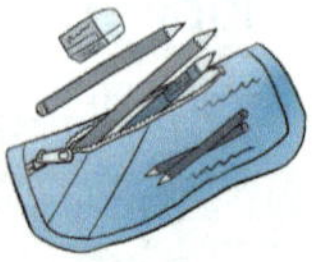

(例) Bǐjìběn zài nǎr?

A: 笔记本 在哪儿?

Bǐjìběn zài zhuōzi de shàngbian.

B: 笔记本 在 桌子 的 上边。

②

chāoshì (例) 超市*	(1) 邮局	(2) 大学	xǐshǒujiān (3) 洗手间*	(4) 图书馆
那儿	这儿	那儿	那儿	这儿
学校	医院	yínháng 银行*	bàngōngshì 办公室*	医院
旁边	xībian 西边*	běibian 北边*	旁边	nánbian 南边*

(例) Fùjìn yǒu chāoshì ma?

A: 附近 有 超市 吗?

Méi yǒu, fùjìn méi yǒu chāoshì.

B: 没 有, 附近 没 有 超市。

Chāoshì zài nǎr?

A：超市 在 哪儿？

Zài nàr, zài xuéxiào de pángbiān.

B：在那儿，在 学校 的 旁边。

③

(例)苹果	(1)超市	Fùshìshān (2)富士山*	Dàbǎn (3)大阪*	(4)京都*
甜	jìn 近*	gāo 高*	dà 大*	ānjìng 安静*
便宜	fāngbiàn 方便*	měi 美*	yǒumíng 有名*	měi 美

（例）　Píngguǒ tián ma?

A：苹果 甜 吗？

Hěn tián, yě hěn piányi.

B：很 甜，也 很 便宜。

2. 练习对话 ◆ 次の会話を練習し、下線部を入れ換えて、隣席の人と会話しなさい。

①

Qǐngwèn, fùjìn yǒu xǐshǒujiān ma?

A：请问，附近 有 洗手间 吗？

Méi yǒu, xǐshǒujiān zài túshūguǎn de lǐbian.

B：没 有，洗手间 在 图书馆 的 里边。

Túshūguǎn zài nǎr?

A：图书馆 在 哪儿？

Zài chāoshì de pángbiān.

B：在 超市 的 旁边。

Yuǎn ma?

A：远 吗？

Bù yuǎn, zài nàr.

B：不 远，在 那儿。

②

Fùshìshān zài nǎr?
A: 富士山 在 哪儿?
Zài zhèr, zài Dōngjīng de xībian.
B: 在 这儿，在 东京* 的 西边。
Fùjìn yǒu wēnquán ma?
A: 附近 有 温泉* 吗?
Yǒu, fùjìn yǒu hěn duō wēnquán.
B: 有，附近 有 很 多* 温泉。
Zhè shì Fùshìshān de zhàopiàn.
这 是 富士山 的 照片。
Fùshìshān hěn gāo, yě hěn měi.
A: 富士山 很 高，也 很 美。

3. 语段表达 ◆ 習った中国語を使ってみよう。

① 大声朗读 ◆ 声に出して読みなさい。

Wǒ jiā zài Jīngdū. Jīngdū yǒu hěn duō míngshèng gǔjī. Jīngdū fùjìn
我 家 在 京都。 京都 有 很 多 名胜 古迹*。京都 附近

yǒu Nàiliáng hé Dàbǎn. Jīngdū hěn ānjìng, yě hěn měi.
有 奈良* 和大阪。 京都 很 安静， 也 很 美。

② 说说自己 ◆ あなたの住む街のことを紹介しなさい。。

Wǒ jiā zài ……. …… yǒu hěn duō …….
我 家 在________。________有 很 多________。

…… fùjìn yǒu ……. ……
________附近 有________。________

hěn ……, yě hěn …….
很________，也 很________。

4. 语音练习 ◆ 発音練習

① 反复跟读 ◆ 次の音節を繰り返し発音しなさい。

ē	é	ě	è		ēi	éi	ěi	èi
(mē)	(mé)	(mě)	(mè)	me	(mēi)	méi	měi	mèi
(nē)	né	(ně)	nè		(nēi)	(néi)	něi	nèi
lē	(lé)	(lě)	lè		lēi	léi	lěi	lèi

② 反复跟读 ◆ 次の言葉を繰り返し発音しなさい。

kuàilè	快乐(楽しい)	èmó	恶魔(悪魔)
nèigé	内阁(内閣)	shénme	什么(なに)
mèimei	妹妹(妹)	měilì	美丽(美しい)

③ 反复跟读,注意"儿"化音 ◆ 「儿」による発音の変化に注意しながら発音しなさい。

yìdiǎn 一点	→	yìdiǎnr 一点儿	zhàopiān 照片	→	zhàopiānr 照片儿
huāyuán 花园	→	huāyuánr 花园儿	hàomǎ 号码	→	hàomǎr 号码儿
jiāyóu 加油	→	jiāyóur 加油儿	xiǎoshuō 小说	→	xiǎoshuōr 小说儿

背诵格言 ◆次の格言を暗唱しなさい。

Qiānlǐ zhīxíng, shǐyú zúxià.
千里 之 行，始于 足下。
（千里の道も一歩から）

Dìwǔkè　Xiànzài jǐdiǎn?

第五课　现在几点?

≈≈時間をたずねる≈≈

基本句型　◆基本文型

1	现在几点?	Xiànzài jǐdiǎn?
2	现在八点半。	Xiànzài bādiǎn bàn.
3	你几点上课?	Nǐ jǐdiǎn shàng kè?
4	我九点上课。	Wǒ jiǔ diǎn shàng kè.
5	商店什么时候开门?	Shāngdiàn shénme shíhòu kāi mén?
6	商店八点就开门。	Shāngdiàn bā diǎn jiù kāi mén.
7	十点才关门。	Shí diǎn cái guān mén.

会话　◆会話

Xúnwèn shíjiān
1. 询问　时间

◆ 時間をたずねる

A：Xiànzài jǐdiǎn?
B：Shí'èr diǎn yí kè.
A：Āiyā，zāo le，wǒ yǒu Hànyǔ kè.
B：Nǐ jǐ diǎn shàng kè?
A：Wǒ shí'èr diǎn bàn shàng kè.

A：现在几点?
B：十二点一刻。
A：哎呀，糟了，我有汉语课。

B：你几点上课？
A：我十二点半上课。

Xúnwèn yíngyè shíjiān
2. 询问 营业 时间
◆ 営業時間をたずねる

A：Xiǎo Zhāng，nàge shāngdiàn shénme shíhou kāi mén?
B：Bā diǎn jiù kāi mén.
A：Shénme shíhou guān mén?
B：Shídiǎn cái guān mén.
A：Ā，tài fāngbiàn le!

A：小张，那个商店什么时候开门？
B：八点就开门。
A：什么时候关门？
B：十点才关门。
A：啊，太方便了！

生词和短语 ◆新出単語と短文表現

1.现在	xiànzài	名	今、現在
2.点	diǎn	量	～時（時間の単位）
3.刻	kè	量	十五分（時間の単位）
4.哎呀	āiyā	感	おや、あら（驚きを表す）
5.糟了	zāo le		しまった！だめだ！
6.课	kè	名	授業
7.上课	shàng kè	動	授業を受ける、授業が始まる
8.半	bàn	数	半（時間の単位）
9.商店	shāngdiàn	名	店、売店
10.什么时候	shénme shíhou		いつ、何時
11.开门	kāi mén	動	開店する、戸をあける
12.就	jiù	副	すでに、早くも

13.关门	guān mén		閉店する、戸を閉める
14.才	cái	副	（～して）やっと～だ
15.啊	ā	感	（感嘆を表す）
16.太	tài	副	とても、ひどく

生词练习　◆単語練習

1. 听音标序号　◆ 発音を聞いて下のピンインに番号をつけなさい。

①

kè 十五分	shí diǎn 十時	bàn 半	tài とても	cái やっと～だ
			①	

②

guān mén 閉店する	shàng kè 授業を受ける	kāi mén 開店する	shāngdiàn 店	xiànzài 今

③

jiù すでに	kè 授業	zāo le しまった	āiyā あら	shénme shíhou いつ、何時

2. 听音标序号　◆ 発音を聞いて下の絵に番号をつけなさい。

3. 听音标序号　◆ 発音を聞いて下の漢字に番号をつけなさい。

①

课	就	太	点	半
			①	

②

上课	哎呀	刻	糟了	现在

③

才	关门	开门	商店	什么时候

4. 注音朗读　◆ 下の単語にピンインをつけて発音しなさい。

①

点	刻	半	课	几

②

什么时候	开门	关门	哎呀	现在

会话练习　◆会話練習

1. 跟读写汉字　◆ CDを聞いて発音した上で、漢字を書き入れなさい。

① Zāo le.　　② Jǐ diǎn?

③ Hànyǔ kè.　　④ Shāngdiàn.

⑤ Shàng kè.　　⑥ Xiànzài.

⑦ Shénmé shíhou?　　⑧ Tài fāngbiàn le!

2. 听音选择　◆ CDを聞いて発音されたほうに√をつけなさい。

例	A	B	C
(1) Shí diǎn.	(1) Kāi mén.	(1) Nǐ jǐ diǎn shàng kè?	(1) Nàge shāngdiàn jǐ diǎn kāi mén?
√ (2) Shí'èrdiǎn.	(2) Guān mén.	(2) Wǒ jiǔ diǎn bàn shàng kè.	(2) Nàge shāngdiàn jǐ diǎn guān mén?

3. 边听边连线 ◆ CDを聞いて内容が合うものを線でつなぎなさい。

(1) Shāngdiàn bā diǎn jiù kāi mén, shí diǎn cái guān mén.
(2) Xiànzài jǐ diǎn?
(3) Shāngdiàn shénme shíhou kāi mén?
(4) Wǒ jiǔ diǎn shàng kè.
(5) Xiànzài bā diǎn bàn.
(6) Nǐ jǐ diǎn shàng kè?
(7) Tài fāngbiàn le!

A　本当に便利ですね。
B　今、何時ですか。
C　授業は何時に始まりますか。
D　お店は何時に開きますか。
E　授業は九時に始まります。
F　今八時半です。
G　お店は八時にはもう開き、十時にやっと閉まります。

4. 标调或注音　◆ 声調符号やピンインをつけなさい。

① 听发音标声调　◆ 発音を聞いて声調符号をつけなさい。

(1)	(2)	(3)
Xianzai ji dian?	Shi'er dian yi ke.	Nage shangdian ji dian guan men?

② 听发音标拼音　◆ 発音を聞いてピンインをつけなさい。

(1)	(2)	(3)
太方便了!	三点就关门。	我十二点半上课。

5. 看图说话 ◆ 絵を見ながら、下線部に言葉を入れて文を完成させなさい。

①

A

Xiànzài jǐ diǎn?

Āiyā, zāo le, wǒ yǒu kè.

Wǒ shí' èr diǎn bàn shàng kè.

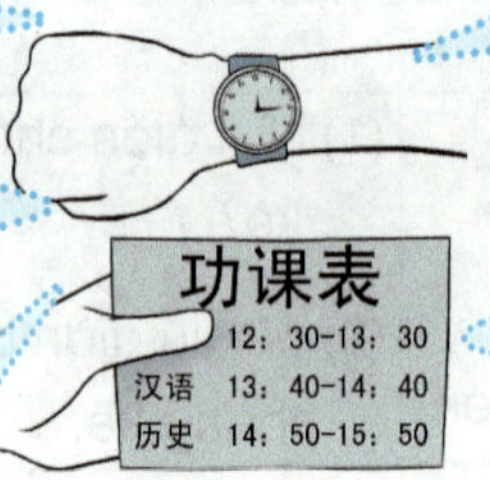

B

Shí' èr diǎn yí kè.

Nǐ jǐ diǎn shàng kè?

②

A

Xiànzài jǐ diǎn?

Āiyā, zāo le, wǒ yǒu________.

Wǒ___diǎn______.

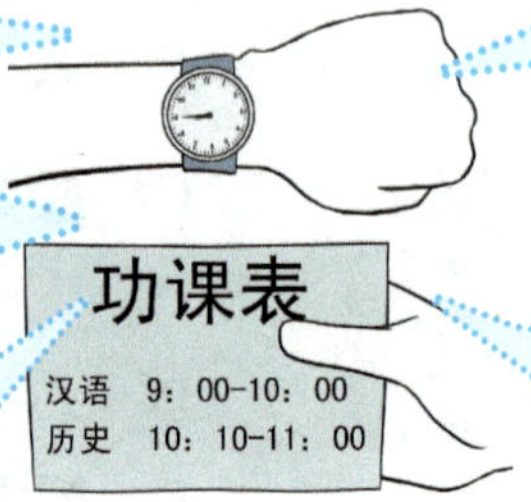

B

_____diǎn_____.

Nǐ jǐ diǎn_______?

③

A

Xiǎo Zhāng, nàge shāngdiàn shénme shíhou kāi mén?

Shénme shíhou guān mén?

A, tài fāngbiàn le!

B

Bā diǎn jiù kāi mén.

Shí diǎn cái guān mén.

④

A　　　　　　　　　　　　　　　　B

Xiǎo Zhāng, ______ shénme shíhou kāi mén?

______ diǎn ______.

Shénme shíhou guān mén?

______ diǎn ______.

A, tài ______ le!

扩展练习　◆ステップアップ

生词　◆　新出単語

1. 分	fēn	量	～分(時間の単位)
2. 起床	qǐ chuáng	動	起きる
3. 下班	xià bān	動	退勤する
4. 早	zǎo	形	早い
5. 晚	wǎn	形	遅い
6. 吃早饭	chī zǎofàn		朝ごはんを食べる
7. 回家	huí jiā		家へ帰る
8. 睡觉	shuì jiào	動	寝る
9. 前	qián	名	～の前
10. 早上	zǎoshang	名	朝
11. 晚上	wǎnshang	名	晩
12. 下课	xià kè	動	授業が終わる
13. 上午	shàngwǔ	名	午前
14. 下午	xiàwǔ	名	午後
15. 中午	zhōngwǔ	名	昼、正午
16. 中岛	Zhōngdǎo	名	中島(姓)
17. 快乐	kuàilè	形	楽しい

1. 替换练习 ◆ 例文にならって、下線部の言葉を置き換えて練習しなさい。

①

(例)1:10	(1) 5:05	(2) 22:00	(3) 4:45	(4) 10:30

(例)

Xiànzài jǐ diǎn?

A：现在 几点？

Xiànzài yīdiǎn shífēn.

B：现在 一点 十分*。

②

qǐchuáng (例)起 床*	chī zǎofàn (1)吃 早饭*	xià bān (2)下 班*	huí jiā (3)回 家*	shuì jiào (4)睡觉*
6:00	5:30	11:00	12:00	8:00
(就) zǎo 早*	(就) 早	(才) wǎn 晚*	(才) 晚	(就) 早

(例)

Tiánzhōng, nǐ jǐ diǎn qǐ chuáng?

A：田中， 你几点 起 床？

Liù diǎn qǐ chuáng.

B：六点 起 床。

Liù diǎn jiù qǐ chuáng? Tài zǎo le!

A：六点 就 起 床？ 太 早 了！

③

(例)日本银行	(1) 车站 前* (qián) 超市	(2) 大学 图书馆	(3) 日本 公司	(4) 你们 汉语课
开门/关门	开门/关门	开门/关门	上班/下班	上课/下课* (xià kè)
上午* (shàngwǔ) 9:00 下午* (xiàwǔ) 3:00	早上* (zǎoshang) 6:00 晚上* (wǎnshang) 12:00	上午9:00 下午6:00	上午9:00 下午5:30	上午9:00 中午* (zhōngwǔ) 12:00

(例)　Rìběn de yínháng shénme shíhou kāi mén?

A: 日本 的 银行 什么 时候 开 门?

Shàngwǔ jiǔ diǎn kāi mén.

B: 上午 九点 开 门。

Shénme shíhou guān mén?

A: 什么 时候 关 门?

Xiàwǔ sān diǎn guān mén.

B: 下午 三点 关 门。

2. 练习对话　◆ 次の会話を練習し、下線部を入れ換えて、隣席の人と会話しなさい。

①

Xiǎo Wáng, Zhōngguó de xuéxiào jǐ diǎn shàng kè?

A: 小王, 中国 的 学校 几点 上 课?

Bā diǎn shàng kè.

B: 八点 上 课。

Bā diǎn jiù shàng kè? Tài zǎo le! Nǐ jǐ diǎn qǐ chuáng?

A: 八点 就 上 课? 太 早 了! 你几点 起 床?

Wǒ liù diǎn bàn jiù qǐ chuáng.

B: 我 六点 半 就 起 床。

Nǐ bù chī zǎofàn ma?

A: 你 不 吃 早饭 吗?

Wǒ qī diǎn chī zǎofàn.
B: 我 七点 吃 早饭。

②

Zhōngdǎo, Rìběn de yínháng shénme shíhou kāi mén?
A: 中岛*, 日本 的 银行 什么 时候 开 门?
Shàngwǔ jiǔ diǎn kāi mén.
B: 上午 九点 开 门。
Shénme shíhou guān mén?
A: 什么 时候 关 门?
Xiàwǔ sān diǎn jiù guān mén.
B: 下午 三点 就 关 门。
Tài bù fāngbiàn le! Zhōngguó de yínháng
A: 太 不 方便 了! 中国 的 银行
wǔ diǎn cái guān mén.
五点 才 关 门。

3. 语段表达 ◆ 習った中国語を使ってみよう。

① 大声朗读 ◆ 声に出して読みなさい。

Dàjiā hǎo! Wǒ jiào Shāntián Míngzǐ. Wǒ shì gōngsī zhíyuán.
大家 好! 我 叫 山田 明子。我 是 公司 职员。

Wǒmen gōngsī shàngwǔ jiǔ diǎn shàng bān, xiàwǔ wǔ diǎn bàn xià bān.
我们 公司 上午 九点 上 班, 下午 五点 半 下 班。

Wǒ měitiān zǎoshang qī diǎn jiù qǐ chuáng, wǎnshang shí'èr diǎn cái shuì jiào.
我 每天 早上 七点 就 起 床, 晚上 十二点 才 睡觉。

Wǒ hěn máng, yě hěn kuàilè.
我 很 忙, 也 很 快乐*。

② 说说自己 ◆ あなたの生活を紹介しなさい。

Dàjiā hǎo! Wǒ jiào ……. Wǒ shì …….
大家 好! 我 叫________。我 是________。

Wǒmen …… shàngwǔ …… diǎn ……, xiàwǔ …… diǎn …….
我们________上午________点________,下午________点________。

Wǒ měitiān zǎoshang …… diǎn(jiù / cái)qǐ chuáng, wǎnshang …… diǎn
我 每天 早上________点(就 / 才)起 床, 晚上________点

(jiù / cái)shuì jiào. Wǒ hěn ……, yě hěn …….
(就 / 才)睡觉。 我 很______,也 很________。

(附)语音练习 ◆ 発音練習

① 反复跟读 ◆ 次の音節を繰り返し発音しなさい。

yū	yú	yǔ	yù	yuē	yué	yuě	yuè
jū	jú	jǔ	jù	juē	jué	juě	juè
qū	qú	qǔ	qù	quē	qué	(quě)	què
xū	xú	xǔ	xù	xuē	xué	xuě	xuè

② 反复跟读 ◆ 次の言葉を繰り返し発音しなさい。

jiàoyù	教育(教育)	yóujú	邮局(郵便局)
yīnyuè	音乐(音楽)	xuéxí	学习(勉強する)
quēdiǎn	缺点(欠点)	xūyào	需要(必要)
xià yǔ	下雨(雨が降る)	juéxīn	决心(決心)

③ 反复跟读,注意四声 ◆ 声調に注意しながら発音しなさい。

水果	shuǐguǒ	→	shuíguǒ
语法	yǔfǎ	→	yúfǎ
哪里	nǎlǐ	→	nálǐ
奶奶	nǎinai	→	nǎinai
椅子	yǐzi	→	yǐzi

背诵格言 ◆次の格言を暗唱しなさい。

Guāngyīn sì jiàn, rìyuè rú suō.
光阴 似 箭，日月 如 梭。
光陰は矢のごとし、歳月は杼(ひ)のごとし。

Dìliùkè　Wǒ xǐhuan tīng yīnyuè

第六课　我喜欢听音乐

～～趣味を話しあう～～

基本句型　◆基本文型

1	我喜欢听音乐。	Wǒ xǐhuan tīng yīnyuè.
2	你喜欢听什么音乐？	Nǐ xǐhuan tīng shénme yīnyuè?
3	你平时喜欢做什么？	Nǐ píngshí xǐhuan zuò shénme?
4	我不太喜欢运动。	Wǒ bú tài xǐhuan yùndòng.
5	你常常看电影吗？	Nǐ chángcháng kàn diànyǐng ma?
6	我常常跟女朋友一起看电影。	Wǒ chángcháng gēn nǚpéngyou yìqǐ kàn diànyǐng.

会话　◆会話

Xúnwèn xìngqù hé àihào

1. 询问　兴趣 和 爱好

◆ 趣味をたずねる

A：Xiǎo Wáng，nǐ de àihào shì shénme?

B：Wǒ xǐhuan tīng yīnyuè.

A：Nǐ xǐhuan tīng shénme yīnyuè?

B：Gǔdiǎn yīnyuè hé xiàndài yīnyuè，wǒ dōu xǐhuan.

A：小王，你的爱好是什么？

B：我喜欢听音乐。

A：你喜欢听什么音乐？

B：古典音乐和现代音乐，我都喜欢。

Xúnwèn xìngqù hé àihào
2. 询问 兴趣 和 爱好

◆ 趣味をたずねる

A: Gāoqiáo, nǐ píngshí xǐhuan zuò shénme?
B: Wǒ xǐhuan dǎ bàngqiú. Nǐ ne?
A: Wǒ bú tài xǐhuan yùndòng, wǒ xǐhuan kàn diànyǐng.
B: Nǐ chángcháng kàn diànyǐng ma?
A: Shì a, wǒ chángcháng gēn nǚ péngyou yìqǐ kàn diànyǐng.

A: 高桥，你平时喜欢做什么？
B: 我喜欢打棒球。你呢？
A: 我不太喜欢运动，我喜欢看电影。
B: 你常常看电影吗？
A: 是啊，我常常跟女朋友一起看电影。

生词和短语 ◆新出単語と短文表現

1. 爱好	àihào	名	趣味
2. 喜欢	xǐhuan	動	好む、好きだ
3. 听	tīng	動	聞く
4. 音乐	yīnyuè	名	音楽
5. 古典音乐	gǔdiǎn yīnyuè	名	クラシック音楽
6. 现代音乐	xiàndài yīnyuè	名	現代の音楽
7. 都	dōu	副	すべて、いずれも
8. 高桥	Gāoqiáo	名	高橋(姓)
9. 平时	píngshí	名	普段、平素
10. 打	dǎ	動	打つ、(球技を)する
11. 棒球	bàngqiú	名	野球
12. 不太	bú tài		あまり～でない
13. 运动	yùndòng	名	運動、スポーツ
14. 电影	diànyǐng	名	映画
15. 常常	chángcháng	副	いつも、よく

16. 跟	gēn	介	～と、～と共に
17. 一起	yìqǐ	副	一緒に～する、共に～する

生词练习　◆単語練習

1. 听音标序号　◆ 発音を聞いて下のピンインに番号をつけなさい。

①

kàn 見る	dǎ 打つ	yìqǐ 一緒に～する	dōu すべて	gēn ～と共に
				①

②

xǐhuan 好き	píngshí 普段	bú tài あまり～でない	chángcháng いつも	àihào 趣味

③

yīnyuè 音楽	gǔdiǎn クラシック	bàngqiú 野球	diànyǐng 映画	yùndòng 運動

2. 听音标序号　◆ 発音を聞いて下の絵に番号をつけなさい。

3. 听音标序号 ◆ 発音を聞いて下の漢字に番号をつけなさい。

①

打	听	都	跟	看
			①	

②

棒球	运动	喜欢	音乐	电影

③

平时	爱好	常常	古典	现代

4. 注音朗读 ◆ 下の単語にピンインをつけて発音しなさい。

①

听	都	看	打	跟

②

爱好	喜欢	运动	音乐	常常

会话练习 ◆会話練習

1. 跟读写汉字 ◆ CDを聞いて発音した上で、漢字を書き入れなさい。

① Kàn shénme?　　② Tīng shénme?

③ Zuò shénme?　　④ Bú tài xǐhuan.

⑤ Kàn diànyǐng.　　⑥ Tīng gǔdiǎn yīnyuè.

⑦ Nǐ de àihào.　　　　⑧ Dǎ bàngqiú.

2. 听音选择　◆ CDを聞いて発音されたほうに√をつけなさい。

例	A	B	C
(1) Píngshí. √ (2) Chángcháng.	(1) Xǐhuan. (2) Àihào.	(1) Wǒ xǐhuan kàn diànyǐng. (2) Wǒ xǐhuan tīng yīnyuè.	(1) Nǐ xǐhuan shénme yīnyuè? (2) Nǐ píngshí xǐhuan zuò shénme?

3. 边听边连线 ◆ CDを聞いて内容が合うものを線でつなぎなさい。

(1) Nǐ píngshí xǐhuan zuò shénme?
(2) Nǐ xǐhuan tīng shénme yīnyuè?
(3) Wǒ bú tài xǐhuan yùndòng.
(4) Wǒ xǐhuan tīng yīnyuè.
(5) Nǐ de àihào shì shénme?
(6) Gǔdiǎn yīnyuè hé xiàndài yīnyuè, wǒ dōu xǐhuan.
(7) Wǒ chángcháng gēn wǒ nǚ péngyou yìqǐ kàn diànyǐng.
(8) Nǐ chángcháng kàn diànyǐng ma?

A　わたしはよくガールフレンドと一緒に映画を見ます。
B　わたしはあまり運動が好きではありません。
C　あなたの趣味は何ですか。
D　あなたはよく映画を見ますか。
E　クラシック音楽とモダン音楽、どちらも好きです。
F　普段何をするのが好きですか。
G　私は音楽が好きです。
H　あなたはどんな音楽が好きですか。

4. 标调或注音　◆ 声調符号やピンインをつけなさい。

① 听发音标声调　◆ 発音を聞いて声調符号をつけなさい。

(1)	(2)	(3)
Ni de aihao shi shenme?	Wo xihuan da bangqiu.	Wo bu tai xihuan yundong.

② 听发音标拼音 ◆ 発音を聞いてピンインをつけなさい。

(1)	(2)	(3)
你平时喜欢做什么?	你常常看电影吗?	我喜欢听音乐。

5. 看图说话 ◆ 絵を見ながら、下線部に言葉を入れて文を完成させなさい。

①

A

Xiǎo Wáng, nǐ de àihào shì shénme?

Nǐ xǐhuan tīng shénme yīnyuè?

B

Wǒ xǐhuan tīng yīnyuè.

Gǔdiǎn yīnyuè hé xiàndài yīnyuè, wǒ dōu xǐhuan.

②

A

_____, nǐ de àihào shì shénme?

Nǐ xǐhuan kàn shénme_____?

B

Wǒ xǐhuan kàn_____.

Wǒ xǐhuan kàn_____.

③

A　　　　　　　　　　　　　　　　B

A: Gāoqiáo, nǐ píngshí xǐhuan zuò shénme?

B: Wǒ xǐhuan dǎ bàngqiú. Nǐ ne?

A: Wǒ bútài xǐhuan yùndòng, wǒ xǐhuan kàn diànyǐng.

B: Nǐ chángcháng kàn diànyǐng ma?

A: Shì a, wǒ chángcháng gēn nǚ péngyou yìqǐ kàn diànyǐng.

④

A　　　　　　　　　　　　　　　　B

A: ______, nǐ píngshí xǐhuan zuò shénme?

B: Wǒ xǐhuan tīng______. Nǐ ne?

A: Wǒ bú tài xǐhuan tīng ____, wǒ xǐhuan dǎ____.

B: Nǐ chángcháng dǎ ______ma?

A: Shì a, wǒ chángcháng gēn ____yìqǐ dǎ ____.

扩展练习　◆ステップアップ

生词　◆　新出単語

1. 唱	chàng	動	歌う
2. 歌	gē	名	歌
3. 英语歌	Yīngyǔ gē		英語の歌
4. 日语歌	Rìyǔ gē		日本語の歌

5. 球	qiú	名	ボール
6. 网球	wǎngqiú	名	テニス
7. 乒乓球	pīngpāngqiú	名	卓球
8. 丈夫	zhàngfu	名	夫
9. 外国	wàiguó	名	外国
10. 妻子	qīzi	名	妻
11. 小说	xiǎoshuō	名	小説
12. 喝	hē	動	飲む
13. 茶	chá	名	お茶
14. 卡拉OK	kǎlā'ok	名	カラオケ
15. 家人	jiārén	名	家族
16. 酒	jiǔ	名	お酒
17. 朋友	péngyou	名	友達
18. 咖啡	kāfēi	名	コーヒー
19. 运动场	yùndòngchǎng	名	運動場

1. 替换练习 ◆ 例文にならって、下線部の言葉を置き換えて練習しなさい。

①

（例）爸爸	（1）妈妈	（2）哥哥	zhàngfu （3）丈夫*	qīzi （4）妻子*
听音乐	chàng gē 唱 歌*	qiú 打球*	看电影	看书
古典音乐 现代音乐	Yīngyǔgē 英语歌* Rìyǔgē 日语歌*	wǎngqiú 网球* pīngpāngqiú 乒乓球*	日本电影 wàiguó 外国*电影	xiǎoshuō 小说* 杂志

（例）

Nǐ bàba de àihào shì shénme?

A：你 爸爸 的 爱好 是 什么？

Tā xǐhuan tīng yīnyuè.

B：他 喜欢 听音乐。

Tā xǐhuan tīng shénme yīnyuè?

A：他 喜欢 听 什么 音乐？

Gǔdiǎn yīnyuè hé xiàndài yīnyuè，tā dōu xǐhuan.

B：古典 音乐 和 现代 音乐，他 都 喜欢。

②

（例）看电影	hē chá （1）喝 茶*	chàng kǎlā'ok （2）唱卡拉OK*	（3）打棒球	hē jiǔ （4）喝 酒*
男朋友	同学	女朋友	jiārén 家人*	péngyou 朋友*

（例）

Nǐ chángcháng kàn diànyǐng ma?

A：你 常常 看电影 吗？

Shìde，wǒ chángcháng gēn nán péngyou yìqǐ kàn diànyǐng.

B：是的，我 常常 跟 男 朋友 一起 看电影。

2. 练习对话　◆ 次の会話を練習し、下線部を入れ換えて、隣席の人と会話しなさい。

①

Nǐ zhàngfu de àihào shì shénme?

A：你 丈夫 的 爱好 是 什么？

Tā xǐhuan dǎ wǎngqiú. Tā chángcháng hé péngyou yìqǐ dǎ wǎngqiú.

B：他 喜欢 打 网球。他 常常 和 朋友 一起 打 网球。

Nǐ yě xǐhuan dǎ wǎngqiú ma?

A：你 也 喜欢 打 网球 吗？

Bù，wǒ bù xǐhuan dǎ wǎngqiú. Wǒ xǐhuan kàn Hánguó diànyǐng.

B：不，我 不 喜欢 打 网球。我 喜欢 看 韩国 电影。

②

Nǐ xǐhuan hē kāfēi ma?
A: 你 喜欢 喝 咖啡* 吗?
Bù, wǒ bútài xǐhuan hē kāfēi. Wǒ xǐhuan hē chá.
B: 不,我 不太 喜欢 喝 咖啡。我 喜欢 喝 茶。
Nǐ xǐhuan hē shénme chá?
A: 你 喜欢 喝 什么 茶?
Rìběn chá hé Zhōngguó chá wǒ dōu xǐhuan.
B: 日本 茶 和 中国 茶 我 都 喜欢。

3. 语段表达 ◆ 習った中国語を使ってみよう。

① 大声朗读 ◆ 声に出して読みなさい。

Wǒ bàba shì yīsheng. Tā zǎoshang bā diǎn bàn shàng bān,
我 爸爸 是 医生。他 早上 八点 半 上 班,
wǎnshang shí diǎn cái xià bān. Tā xǐhuan kàn shū, yě xǐhuan yùndòng.
晚上 十点 才 下 班。他 喜欢 看书, 也 喜欢 运动。
Wǒ jiā zài Dàbǎn, Dàbǎn yǒu hěn duō yùndòngchǎng.
我 家 在 大阪, 大阪 有 很 多 运动场*。
Wǒ bàba píngshí xǐhuan dǎ bàngqiú, tā chángcháng hé péngyou
我 爸爸 平时 喜欢 打 棒球, 他 常常 和 朋友
yìqǐ dǎ bàngqiú.
一起 打 棒球。

② 说说自己 ◆ あなたの家族の生活を紹介しなさい。

Wǒ …… shì ……. Tā zǎoshang …… diǎn shàng bān,
我______是_____。他/她 早上______点 上 班,
wǎnshang …… diǎn cái xià bān. Tā xǐhuan ……, yě xǐhuan yùndòng.
晚上______点 才 下 班。他/她喜欢_____,也 喜欢 运动。

Wǒ jiā zài ……，　…… yǒu hěn duō …….
我 家 在_____，______有 很 多_____。

Wǒ …… píngshí xǐhuan ……，tā chángcháng hé …… yìqǐ …….
我________平时 喜欢_____，他/她 常常 和_____一起_____。

(附) 语音练习 ◆ 発音練習

① 反复跟读 ◆ 次の音節を繰り返し発音しなさい。

yuān	yuán	yuǎn	yuàn	yūn	yún	yǔn	yùn
juān	juán	juǎn	juàn	jūn	(jún)	(jǔn)	jùn
quān	quán	quǎn	quàn	qūn	qún	(qǔn)	(qùn)
xuān	xuán	xuǎn	xuàn	xūn	xún	(xǔn)	xùn

② 反复跟读 ◆ 次の言葉を繰り返し発音しなさい。

yùndòng	运动(運動)	guànjūn	冠军(チャンピオン)
xuǎnzé	选择(選択)	quànyòu	劝诱(勧誘)
jiāojuǎn	胶卷(フィルム)	quánbù	全部(全部)
huāyuán	花园(ガーデン)	yùndǒu	熨斗(アイロン)

③ 反复跟读，注意“不”的发音变调规律
◆「不」の発音に注意しながら発音しなさい。

bùtīng	bùxué	bùxiě	búkàn	bùchī	bùwán	bùkě	bú'è
不听	不学	不写	不看	不吃	不玩	不渴	不饿

背诵格言 ◆次の格言を暗唱しなさい。

Yǒuzhìzhě shì jìng chéng.
有志者 事 竟 成。
志さえあれば、必ず成功する。

第四課～第六課・文法のまとめ

＜第四課＞

1. 存在をあらわす表現

人やものが存在するという表現は、次のような語順となる。

（1）「存在する人・もの＋在＋場所」

医院在车站的东边。　（病院は駅の東側にあります。）

（2）「場所＋有＋存在する人・もの」

附近有医院。　（近くに病院があります。）

＊「在」はどこにあるかをいう文で、「有」はあるなしをいう文である。「有」の構文の場合、「意味上の主語」が、目的語の位置におかれていることに注意しなければならない。

（3）「在」の否定は「不在」、「有」の否定は「没有」となる。

他不在家。　（彼は家にいません。）

附近没有医院。　（近くに病院はありません。）

2. 場所をあらわす表現

中国語では、①指示詞に「～儿」、「～里」をつけたり、②方位詞に「～边」、「～面」をつけて場所詞にすることができる。③ものをあらわす名詞には方位詞をつけて場所詞にする。④「公園・学校」のような場所をあらわす名詞の場合は方位詞をつけることもあればつけないこともある。場所詞はそのままで主語にも目的語にもなることができる。以上を整理すると、次のようになる。

① 这儿，那儿，哪儿，这里，那里，哪里

② 东边，旁边，里面

③ 桌子上，书包里

④ 学校(里)，公园(里)

＜第五課＞

1. 時間のあらわし方

時間をあらわすには次のような形をとる。また時間をたずねるときは「几」を使う。

○点○分，○点半，(一／三)刻

现在几点？　（今何時ですか。）

现在两点半。（今二時半です。）

2. 副詞の「就」と「才」

上記の時間詞と、副詞の「就」、「才」が結びつくと、主観的に「早い」か「遅い」かが表現できる。

商店八点就开门。（お店は八時にはもう開きます。）

商店十点才关门。（お店は十時になってやっと閉まります。）

＜第六課＞

1.「動詞＋目的語」が目的語となる構文

中国語では、文節「動詞＋目的語」が、そのまま目的語になることができる。

我喜欢听音乐。　（わたしは音楽を聴くのが好きです。）

我们现在开始学习汉语。　（わたしたちはこれから中国語の授業を始めます。）

2.「太～了」と「不太～」

「太」は程度がはなはだしいことをいう副詞であるが、よく「太～了」、「不太～」という形で使われる。

太方便了！　（とても便利ですね。）

我不太喜欢运动。　（わたしはスポーツがそれほど好きではありません。）

3.「跟～一起」の構文

介詞「跟」と副詞「一起」を組み合わせると、「～と一緒に～する」という意味になる。

我跟男朋友一起看电影。　（わたしはボーイフレンドと一緒に映画を見ます。）

Dìqīkè　Míngtiān wǒ qù měishùguǎn kàn huàzhǎn

第七课　明天我去美术馆看画展

≈≈スケジュールを話しあう≈≈

基本句型　◆基本文型

1	今天星期几?	Jīntiān xīngqī jǐ?
2	今天星期五。	Jīntiān xīngqīwǔ.
3	明天我去美术馆看画展。	Míngtiān wǒ qù měishùguǎn kàn huàzhǎn.
4	美术馆离体育场很近。	Měishùguǎn lí tǐyùchǎng hěn jìn.
5	我们一起去吧。	Wǒmen yìqǐ qù ba.
6	我们在哪儿见面?	Wǒmen zài nǎr jiàn miàn?

会话　◆会話

1. 同学之间对话 (Tóngxué zhījiān duìhuà)

◆ クラスメートとの会話

A: Jīntiān xīngqījǐ?
B: Jīntiān xīngqīwǔ.
A: A, míngtiān shì zhōumò, nǐ zuò shénme?
B: Wǒ qù měishùguǎn kàn huàzhǎn, nǐ ne?
A: Wǒ qù tǐyùchǎng kàn bàngqiú bǐsài.
B: Měishùguǎn lí tǐyùchǎng hěn jìn, wǒmen yìqǐ qù ba.
A: Hǎo a, wǒmen zài nǎr jiàn miàn?
B: Zài xuéxiào ménkǒu jiàn miàn.

A：今天星期几？
B：今天星期五。
A：啊，明天是周末，你做什么？
B：我去美术馆看画展，你呢？
A：我去体育场看棒球比赛。
B：美术馆离体育场很近，我们一起去吧。
A：好啊，我们在哪儿见面？
B：在学校门口见面。

2. 朋友间对话 (Péngyou jiān duìhuà)

◆ 友達同士の会話

A：Xià xīngqīwǔ nǐ yǒu shíjiān ma?
B：Xià xīngqīwǔ shì jǐ hào?
A：Shí'èr hào.
B：A，wǒ shí'èr hào qù Zhōngguó chū chāi.
A：Nǐ shénme shíhou huí Rìběn?
B：Shíwǔ hào，nǐ yǒu shénme shìr?
A：Zuìjìn yǒu yí bù xīn diànyǐng，wǒmen yìqǐ qù kàn ba.
B：Hǎo a，shíliù hào qù ba.

A：下星期五你有时间吗？
B：下星期五是几号？
A：十二号。
B：啊，我十二号去中国出差。
A：你什么时候回日本？
B：十五号，你有什么事儿？
A：最近有一部新电影，我们一起去看吧。
B：好啊，十六号去吧。

生词和短语　◆新出単語と短文表現

1. 今天	jīntiān	名	今日
2. 星期	xīngqī	名	～曜日、週
3. 星期五	xīngqīwǔ	名	金曜日
4. 明天	míngtiān	名	明日
5. 周末	zhōumò	名	週末
6. 去	qù	動	行く
7. 美术馆	měishùguǎn	名	美術館
8. 画展	huàzhǎn	名	絵画展
9. 体育场	tǐyùchǎng	名	運動場
10. 比赛	bǐsài	名	試合
11. 离	lí	介	～から、～まで(時間的、空間的隔たりを表す)
12. 在	zài	介	～で
13. 见面	jiàn miàn	動	会う
14. 门口	ménkǒu	名	入口、戸口
15. 下	xià	名	次の～、来(月)など
16. 时间	shíjiān	名	時間
17. 几号	jǐ hào		何日
18. 号	hào	名	日
19. 出差	chū chāi	動	出張する
20. 事儿	shìr	名	用事
21. 部	bù	量	～本(映画などを数える)
22. 新	xīn	形	新しい
23. 吧	ba	助	～しよう(勧誘を表す)
24. 星期三	xīngqīsān	名	水曜日

生词练习 ◆単語練習

1. 听音标序号 ◆ 発音を聞いて下のピンインに番号をつけなさい。

①

jīntiān 今日	míngtiān 明日	xīngqī jǐ 何曜日	jǐ hào 何日	jiàn miàn 会う
	①			

②

xīngqīwǔ 金曜日	shíjiān 時間	zhōumò 週末	diànyǐng 映画	chū chāi 出張する

③

měishùguǎn 美術館	tǐyùchǎng 運動場	huàzhǎn 絵画展	bǐsài 試合	xuéxiào ménkǒu 学校の校門

2. 听音标序号 ◆ 発音を聞いて下の絵に番号をつけなさい。

3. 听音标序号 ◆ 発音を聞いて下の漢字に番号をつけなさい。

①

几号	明天	今天	周末	很近
	①			

②

电影	时间	星期几	星期五	出差

③

美术馆	画展	体育场	比赛	几号

4. 注音朗读　◆ 下の単語にピンインをつけて発音しなさい。

①

星期五	今天	时间	周末	明天

②

比赛	体育场	美术馆	见面	学校门口

会话练习　◆会話練習

1. 跟读写汉字　◆ CDを聞いて発音した上で、漢字を書き入れなさい。

① Jǐ hào?　　② Xīngqī jǐ?

③ Xià xīngqīwǔ.　　④ Shénme shíhou?

⑤ Huí Rìběn.　　⑥ Kàn huàzhǎn.

⑦ Zài nǎr jiàn miàn?　　⑧ Yìqǐ qù ba.

2. 听音选择 ◆ CDを聞いて発音されたほうに√をつけなさい。

（例）	A	B
(1) Xīngqī jǐ? √ (2) Xīngqīwǔ.	(1) Wǒ qù měishùguǎn. (2) Wǒ qù tǐyùchǎng.	(1) Nǐ yǒu shíjiān ma? (2) Nǐ yǒu shénme shìr?

3. 边听边连线 ◆ CDを聞いて内容が合うものを線でつなぎなさい。

(1) Míngtiān shì zhōumò.
(2) Wǒmen zài nǎr jiàn miàn?
(3) Nǐ shénme shíhou huí Rìběn?
(4) Měishùguǎn lí tǐyùchǎng hěn jìn.
(5) Wǒmen yìqǐ qù ba.
(6) Wǒ qù měishùguǎn kàn huàzhǎn.
(7) Jīntiān xīngqī jǐ?

A あなたはいつ日本に戻るのですか。
B 明日は週末です。
C 美術館に絵画展を見に行きます。
D どこで会いましょう。
E 今日は何曜日ですか。
F 美術館は運動場に近いです。
G 一緒に行きましょう。

4. 标调或注音 ◆ 声調符号やピンインをつけなさい。

① 听发音标声调 ◆発音を聞いて声調符号をつけなさい。

(1)	(2)	(3)
Jintian xingqiji?	Ni you shijian ma?	Women zai nar jian mian?

② 听发音标拼音 ◆発音を聞いてピンインをつけなさい。

(1)	(2)	(3)
今天星期五。	我没有时间。	我们在学校门口见面。

5. 看图说话　◆ 絵を見ながら、下線部に言葉を入れて文を完成させなさい。

①

A

Jīntiān xīngqī jǐ?

Wǒ qù měishùguǎn, nǐ ne?

Wǒmen yìqǐ qù ba.

B

Jīntiān xīngqīwǔ, zhōumò nǐ zuò shénme?

Wǒ qù tǐyùchǎng.

Hǎo ba, wǒmen zài xuéxiào ménkǒu jiàn miàn.

②

A

Jīntiān xīngqī jǐ?

Wǒ qù________, nǐ ne?

Wǒmen yìqǐ qù ba.

B

Jīntiān______, zhōumò nǐ zuò shénme?

Wǒ qù_______.

Hǎo ba, wǒmen zài ________jiàn miàn.

③

A

Xià xīngqīwǔ nǐ yǒu shíjiān ma?

Shí'èr hào.

Zuìjìn yǒu yí bù xīn diànyǐng, wǒmen yìqǐ qù kàn ba.

B

Xià xīngqīwǔ shì jǐ hào?

Wǒ shí'èr hào qù Zhōngguó chū chāi. Nǐ yǒu shénme shìr?

Hǎo a, shíliù hào qù ba.

④

扩展练习 ◆ステップアップ

生词 ◆ 新出単語

1. 星期一	xīngqīyī	名	月曜日
2. 电影院	diànyǐngyuàn	名	映画館
3. 星期二	xīngqī'èr	名	火曜日
4. 餐馆	cānguǎn	名	レストラン
5. 吃饭	chī fàn		食事をする
6. 星期四	xīngqīsì	名	木曜日
7. 卡拉OK厅	kǎlā'ok tīng		カラオケ店
8. 星期六	xīngqīliù	名	土曜日
9. 打工	dǎ gōng	動	アルバイトをする
10. 星期天	xīngqītiān	名	日曜日
11. 买东西	mǎi dōngxi		買い物をする
12. 花店	huādiàn	名	お花屋さん

1. 替换练习　◆ 例文にならって、下線部の言葉を置き換えて練習しなさい。

(例)十一号	(1) 十二号	(2) 十三号	(3) 十四号	(4) 十六号
xīngqīyī 星期一*	xīngqī'èr 星期二*	xīngqīsì 星期四*	xīngqīliù 星期六*	xīngqītiān 星期天*
diànyǐngyuàn 电影院*	cānguǎn 餐馆*	kǎlā'ok tīng 卡拉OK厅*	chāoshì 超市	商店
看电影	chī fàn 吃饭*	唱歌	dǎ gōng 打工*	mǎi dōngxi 买　东西*

①（例）　Shíyī hào shì xīngqī jǐ?

A：十一号　是　星期几？

Shíyī hào shì xīngqīyī.

B：十一号　是　星期一。

②（例）　Xīngqīyī　nǐ zuò shénme?

A：星期一 你 做　什么？

Wǒ qù diànyǐngyuàn kàn diànyǐng.

B：我 去　电影院　看　电影。

③（例）　Diànyǐngyuàn lí xuéxiào jìn ma?

A：电影院　离 学校　近 吗？

Hěn jìn, wǒmen yìqǐ qù ba.

B：很 近，我们 一起 去 吧。

④（例）　Wǒmen　zài nǎr　jiàn miàn?

A：我们　在 哪儿 见　面？

Wǒmen zài diànyǐngyuàn jiàn miàn.

B：我们 在　电影院　见　面.

2. 练习对话 ◆ 次の会話を練習し、下線部を入れ換えて、隣席の人と会話しなさい。

①

Jīntiān xīngqī jǐ?
A：今天 星期几？
Jīntiān xīngqīsān.
B：今天 星期三。
Míngtiān nǐ zuò shénme?
A：明天 你 做 什么？
Wǒ qù chāoshì mǎi dōngxi, nǐ ne?
B：我 去 超市 买 东西，你 呢？
Wǒ qù huādiàn dǎ gōng.
A：我 去 花店* 打工。
Chāoshì lí huādiàn hěn jìn, wǒmen yìqǐ qù ba.
B：超市 离 花店 很 近，我们 一起 去 吧。

②

Shíwǔ hào nǐ yǒu shíjiān ma?
A：十五号 你 有 时间 吗？
Shíwǔ hào shì xīngqī jǐ?
B：十五号 是 星期几？
Xīngqī'èr.
A：星期二。
Wǒ xīngqī'èr qù xuéxiào xué Hànyǔ.
B：我 星期二 去 学校 学 汉语。
Nǐ shénme shí hou yǒu shíjiān?
A：你 什么 时候 有 时间？
Shíqī hào. Nǐ yǒu shénme shìr?
B：十七号。你 有 什么 事儿？
Wǒmen yìqǐ qù kǎlā'ok tīng chàng gē ba.
A：我们 一起 去 卡拉OK厅 唱 歌吧。
Hǎo a. Wǒmen zài nǎr jiàn miàn?
B：好 啊。我们 在 哪儿 见 面？
Zài kǎlā'ok tīng jiàn miàn ba.
A：在 卡拉OK厅 见 面 吧。

3. 语段表达　◆ 習った中国語を使ってみよう。

① 大声朗读　◆ 声に出して読みなさい。

Jīntiān xīngqīwǔ, wǒ qù xuéxiào shàng kè.
今天　星期五，我 去 学校　上　课。

Míngtiān shì zhōumò, wǒ qù tǐyùchǎng kàn bàngqiú bǐsài.
明天　是 周末，我 去 体育场 看 棒球 比赛。

② 说说自己　◆ あなたの予定を話しなさい。

Jīntiān ……，wǒ qù ……. 　Míngtiān shì……
今天＿＿＿＿，我 去＿＿＿＿。　明天　是＿＿＿，

wǒ qù …….
我 去＿＿＿＿。

(附) 语音练习 ◆ 発音練習

① 反复跟读　◆ 次の音節を繰り返し発音しなさい。

gē	gé	gě	gè	gū	gú	gǔ	gù
kē	ké	kě	kè	kū	kú	kǔ	kù
hē	hé	hě	hè	hū	hú	hǔ	hù

② 反复跟读　◆ 次の言葉を繰り返し発音しなさい。

chàng gē	唱歌(歌を歌う)	gǔdiǎn	古典(古典)
xīnkǔ	辛苦(苦労する)	hépíng	和平(平和)
hē shuǐ	喝水(水を飲む)	hùxiāng	互相(相互に)

③ 反复跟读,注意轻声 ◆ 軽声に注意しながら発音しなさい。

bízi	鼻子(鼻)	dùzi	肚子(お腹)
xuésheng	学生(学生)	péngyou	朋友(友達)
liángkuai	凉快(涼しい)	piàoliang	漂亮(きれい)

背诵格言 ◆次の格言を暗唱しなさい。

Dú shū bǎi biàn, ěr yì zì xiàn.
读书百遍,而义自见(现)。

Sān guó zhì
《三国志》

読書百遍、意自ずから通ず。

Dìbākè　Zhèjiàn dàyī duōshao qián?

第八课　这件大衣多少钱?

≈≈買い物をする≈≈

基本句型　◆基本文型

1	你想吃点儿什么?	Nǐ xiǎng chī diǎnr shénme?
2	我看一下菜单。	Wǒ kàn yíxià càidān.
3	我要一盘饺子。	Wǒ yào yì pán jiǎozi.
4	这件大衣多少钱?	Zhèjiàn dàyī duōshao qián?
5	一千两百块。	Yìqiān liǎngbǎi kuài.
6	红的比黄的便宜。	Hóng de bǐ huáng de piányi.

会话　◆会話

Kèrén hé fúwùyuán zhījiān duìhuà

1. 客人 和 服务员 之间 对话

◆ お客さんとウェイトレスの会話

A：Nín hǎo，nín xiǎng chī diǎnr shénme?

B：Wǒ kàn yíxià càidān.

B：Wǒ yào yì pán jiǎozi hé yí ge jīdàntāng.

A：Hái yào bié de ma?

B：Zài lái yì píng píjiǔ.

A：Hǎo de.

A：您好，您想吃点儿什么?

B：我看一下菜单。(看菜单)

B：我要一盘饺子和一个鸡蛋汤。

A：还要别的吗?

B：再来一瓶啤酒。
A：好的。

Gùkè hé diànyuán zhījiān duìhuà
2. 顾客 和 店员 之间 对话
◆ お客さんと店員の会話

A：Zhè jiàn hóngsè de dàyī duōshao qián?
B：Yìqiān liǎngbǎi kuài.
A：Tài guì le, yǒu piányi de ma?
B：Zhè jiàn huángsè de bǐ nà jiàn piányi.
A：Zhè jiàn duōshao qián?
B：Yìqiān kuài. Nín yào nǎ jiàn?
A：Wǒ yào zhè jiàn huángsè de.

A：这件红色的大衣多少钱？
B：一千两百块。
A：太贵了，有便宜的吗？
B：这件黄色的比那件便宜。
A：这件多少钱？
B：一千块。您要哪件？
A：我要这件黄色的。

生词和短语　◆新出単語と短文表現

1. 想	xiǎng	助動	～したい
2. 点儿	diǎnr	量	少し
3. 一下	yíxià		ちょっと、一度
4. 菜单	càidān	名	メニュー
5. 要	yào	動	ほしい、いる
6. 盘	pán	量	～皿(大皿に盛ったものを数える)
7. 饺子	jiǎozi	名	餃子
8. 鸡蛋	jīdàn	名	卵
9. 汤	tāng	名	スープ

10. 还	hái	副	また、さらに
11. 别的	bié de		他のもの
12. 再	zài	副	再び、そのうえに
13. 来	lái	動	～をください
14. 瓶	píng	量	～本(瓶に入れたものを数える)
15. 啤酒	píjiǔ	名	ビール
16. 件	jiàn	量	～着(服などを数える)
17. 红(色)的	hóng(sè) de		赤いもの
18. 大衣	dàyī	名	コート
19. 多少钱	duōshao qián	疑	いくら
20. 千	qiān	数	千
21. 百	bǎi	数	百
22. 块	kuài	量	元(中国のお金の単位)
23. 贵	guì	形	高い
24. 黄(色)的	huáng(sè) de		黄色いもの
25. 比	bǐ	介	～より(比較の表現に使う)
26. 三明治	sānmíngzhì	名	サンドイッチ
27. 色拉	sèlā	名	サラダ

生词练习　◆単語練習

1. 听音标序号　◆　発音を聞いて下のピンインに番号をつけなさい。

①

càidān メニュー	jiǎozi 餃子	píjiǔ ビール	tāng スープ	dàyī コート
	①			

②

huáng de 黄色いもの	sānmíngzhì サンドイッチ	hóng de 赤いもの	piányi 安い	guì 高い

③

yì píng 一本	sèlā サラダ	yì pán 一皿	liǎngbǎi 二百	yìqiān 一千

2. 听音标序号 ◆ 発音を聞いて下の絵に番号をつけなさい。

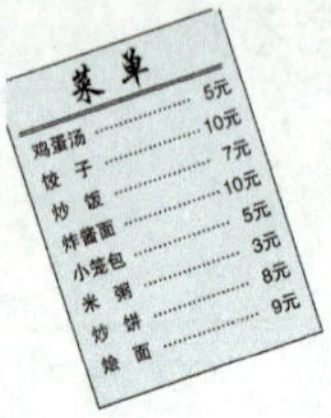				

3. 听音标序号 ◆ 発音を聞いて下の漢字に番号をつけなさい。

①

鸡蛋	饺子	菜单	啤酒	大衣
	①			

②

点儿	红的	一下	别的	黄的

③

便宜	色拉	一千	两百	多少钱

4. 注音朗读 ◆ 下の単語にピンインをつけて発音しなさい。

①

多少钱	一千块	两百块	一盘饺子	一件大衣

②

鸡蛋汤	三明治	一瓶啤酒	太贵了	便宜的

会话练习　◆会話練習

1. 跟读写汉字　◆ CDを聞いて発音した上で、漢字を書き入れなさい。

① Xiǎng chī.　② Kàn yíxià.

③ Yì pán jiǎozi.　④ Duōshao qián?

⑤ Bié de.　⑥ Zhè jiàn dàyī.

⑦ Tài guì le.　⑧ Bǐ nà jiàn piányi.

2. 听音选择　◆ CDを聞いて発音されたほうに√をつけなさい。

(例)	A	B
(1) Kàn yíxià. √ (2) Yìqiān kuài.	(1) Nín xiǎng chī shénme? (2) Nín yào nǎ jiàn?	(1) Zhè jiàn bǐ nà jiàn piányi. (2) Zhè jiàn duōshao qián?

3. 边听边连线 ◆ CDを聞いて内容が合うものを線でつなぎなさい。

(1) Tài guì le.	A	何をお召し上がりになりますか。
(2) Zhè jiàn duōshao qián?	B	高すぎます。
(3) Wǒ kàn yíxià càidān.	C	更にビールを一本ください。
(4) Zhè jiàn bǐ nà jiàn piányi.	D	これはいくらですか。
(5) Zài lái yì píng píjiǔ.	E	どちらをお求めですか。
(6) Nín xiǎng chī diǎnr shénme?	F	メニューをちょっと見てみます。
(7) Nín yào nǎ jiàn?	G	こちらはあちらよりお安いです。

4. 标调或注音 ◆ 声調符号やピンインをつけなさい。

① 听发音标声调 ◆発音を聞いて声調符号をつけなさい。

(1)	(2)	(3)
Zhe jian duoshao qian?	Nin xiang chi dianr shenme?	Nin yao na jian?

② 听发音标拼音 ◆発音を聞いてピンインをつけなさい。

(1)	(2)	(3)
这件一千块。	我要一盘饺子。	我要这件黄色的。

5. 看图说话 ◆ 絵を見ながら、下線部に言葉を入れて文を完成させなさい。

①

A

Nín hǎo, nín xiǎng chī diǎnr shénme?

Hái yào bié de ma?

Hǎo de.

B

Wǒ kàn yíxià càidān. Wǒ yào yì pán jiǎozi hé yí ge jīdàntāng.

Zài lái yì píng píjiǔ.

②

A

Nín hǎo, nín xiǎng chī diǎnr shénme?

Hái yào bié de ma?

Hǎo de.

B

Wǒ kàn yíxià càidān. Wǒ yào________hé________.

Zài lái________.

③

A

Zhèijiàn hóngsè de dàyī duōshao qián?

Yǒu piányide ma?

Zhèjiàn duōshao qián?

B

Yìqiān liǎngbǎi kuài.

Zhèjiàn huángsède bǐ nàjiàn piányi.

Yìqiān kuài.

④

A

Zhèjiàn_____dàyī duōshao qián?

Yǒu______de ma?

Zhèjiàn_______?

B

______________________.

Zhèjiàn_______bǐ nàjiàn piányi.

________.

扩展练习　◆ステップアップ

生词　◆　新出単語

1. 红茶　hóngchá　名　紅茶
2. 杯　bēi　量　～杯（コップに入れたものを数える）
3. 可乐　kělè　名　コーラ
4. 罐　guàn　量　～缶（缶に入れたものを数える）
5. 橙汁　chéngzhī　名　オレンジジュース
6. 矿泉水　kuàngquánshuǐ　名　ミネラルウォーター
7. 尝　cháng　動　味わう
8. 味道　wèidao　名　味
9. 问　wèn　動　たずねる

10. 路 lù 名 道
11. 用 yòng 動 使う
12. 试 shì 動 試す
13. 衣服 yīfu 名 服
14. 绿 lǜ 形 緑
15. 漂亮 piàoliang 形 美しい
16. 蓝 lán 形 青
17. 黑 hēi 形 黒
18. 长 cháng 形 長い
19. 白 bái 形 白
20. 粉 fěn 形 ピンク
21. 干净 gānjìng 形 衛生的である、きれいだ
22. 可爱 kě'ài 形 可愛い、愛すべき
23. 清酒 qīngjiǔ 名 清酒

1. 替换练习 ◆ 例文にならって、下線部の言葉を置き換えて練習しなさい。

①

hóngchá (例)红茶*	kělè (1)可乐*	(2)咖啡	chéngzhī (3)橙汁*	kuàngquánshuǐ (4)矿泉水*
bēi 杯*	guàn 罐*	杯	罐	瓶
20.00块	12.00块	20.40块	15.00块	10.30块

(例) Nín xiǎng hē diǎnr shénme?

A: 您 想 喝点儿 什么?

Wǒ yào yì bēi hóngchá.

B: 我 要 一杯 红茶。

Hóngchá duōshao qián?

A: 红茶 多少 钱?

Èrshí kuài.

B: 二十 块。

②

(例) 看	(1) 尝* cháng	(2) 问* wèn	(3) 用* yòng	(4) 试* shì
菜单	味道* wèidao	路* lù	你的辞典	这件衣服* yīfu

(例)　Wǒ kàn yíxià càidān.

我看　一下　菜单。

③

(例) 黄	(1) 绿* lǜ	(2) 蓝* lán	(3) 白* bái	(4) 黑 hēi
红	黄	黑* hēi	粉* fěn	蓝 lán
便宜	漂亮* piàoliang	长* cháng	干净* gānjìng	可爱* kě'ài

(例)　Yǒu piányi de ma?

A：有　便宜的　吗？

Huángsè de bǐ hóngsè de piányi.

B：黄色的　比　红色的　便宜。

2. 练习对话　◆ 次の会話を練習し、下線部を入れ換えて、隣席の人と会話しなさい。

①

Nín hǎo, nín xiǎng hē diǎnr shénme?

A：您　好，您　想　喝　点儿　什么？

Wǒ yào yì bēi kāfēi.

B：我　要　一杯　咖啡。

Hái yào biéde ma?

A：还　要　别的　吗？

Zài lái yí guàn chéngzhī.

B：再　来　一罐　橙汁。

②

Zhè píng qīngjiǔ duōshao qián?
A: 这瓶 清酒* 多少 钱?
Qīshiwǔ kuài.
B: 七十五 块。
Tài guì le, yǒu piányi de ma?
A: 太 贵 了,有 便宜的 吗?
Zhè píng bǐ nà píng piányi.
B: 这瓶 比 那瓶 便宜.
Zhè píng duōshao qián?
A: 这瓶 多少 钱?
Liùshibā kuài. Nín yào nǎ píng?
B: 六十八 块。您 要 哪瓶?
Wǒ yào piányi de.
A: 我 要 便宜的。

3. 语段表达 ◆ 習った中国語を使ってみよう。

① 大声朗读 ◆ 声に出して読みなさい。

Wǒ méi yǒu dàyī. Wǒ xiǎng mǎi dàyī. Shāngdiàn li yǒu liǎng jiàn dàyī.
我 没 有 大衣。我 想 买 大衣。商店里 有 两件 大衣。

Yí jiàn yìqiān èrbǎi kuài. Yí jiàn yìqiān kuài.
一件 一千 二百 块。一件 一千 块。

Piányi de hǎo, wǒ mǎi nà jiàn piányi de.
便宜的 好, 我 买 那件 便宜 的。

② 说说自己 ◆ あなたが買い物をしたときのことを話してみよう。

Wǒ méi yǒu ……. Wǒ xiǎng mǎi ……. Shāngdiàn li yǒu …….
我没有_____。我想买_____。商店里有________。

Yí jiàn ……. Yí jiàn …….
一件________。一件________。

Piányi de hǎo, wǒ mǎi nàjiàn …….
便宜的好，我买那件________。

(附) 语音练习 ◆ 発音練習

① 反复跟读 ◆ 次の音節を繰り返し発音しなさい。

bō	bó	bǒ	bò	bū	bú	bǔ	bù
pō	pó	pǒ	pò	pū	pú	pǔ	pù
mō	mó	mǒ	mò	(mū)	mú	mǔ	mù
(fō)	fó	(fǒ)	(fò)	fū	fú	fǔ	fù

② 反复跟读 ◆ 次の言葉を繰り返し発音しなさい。

bózi	脖子（首）	pǔtōng	普通（普通）
qīmò	期末（期末）	fójiào	佛教（仏教）
mǔqin	母亲（母親）	fùqin	父亲（父親）

③ 反复跟读，注意儿化的发音 ◆「儿化」による発音の変化に注意しながら発音しなさい。

xiǎohái	xiǎoháir	wán	wánr
小孩 →	小孩儿	玩 →	玩儿
xiǎojī	xiǎojīr	kòng	kòngr
小鸡 →	小鸡儿	空 →	空儿
shùzhī	shùzhīr	zhūsī	zhūsīr
树枝 →	树枝儿	蛛丝 →	蛛丝儿

背诵格言 ◆次の格言を暗唱しなさい。

Guātián bú nà lǚ, lǐxià bú zhèng guān.
瓜田 不 纳 履，李下 不 正 冠。

Gǔ yuè fǔ jūn zǐ xíng
《古乐府·君子行》

瓜田に履(くつ)を納(い)れず、李下に冠を正さず。

Dìjiǔkè　　Wǒ mǎile yí ge shǒujī

第九课　我买了一个手机

≈≈商品の機能をたずねる≈≈

基本句型　◆基本文型

1 我买了一个手机。　Wǒ mǎile yí ge shǒujī.

2 它能拍照片吗？　Tā néng pāi zhàopiàn ma?

3 我看看。　Wǒ kànkan.

4 这个词典只能查单词。　Zhè ge cídiǎn zhǐ néng chá dāncí.

5 你的手机贵不贵？　Nǐde shǒujī guìbuguì?

会话　◆会話

1. 朋友之间的对话 (Péngyou zhījiān de duìhuà)

◆ 友達との会話

A：Wǒ mǎile yí ge shǒujī.

B：Wǒ kànkan.

B：Zhēn piàoliang！ Guìbuguì?

A：Bú guì，zhǐ huāle wǔbǎi kuài.

B：Néng lùxiàng ma？

A：Bù néng.

B：Néng pāi zhàopiàn ma?

A：Yě bù néng. Zhǐ néng dǎ diànhuà，fā duǎnxìn.

A：我买了一个手机。

B：我看看。

（看手机）

B：真漂亮！贵不贵？
A：不贵，只花了五百块。
B：能录像吗？
A：不能。
B：能拍照片吗？
A：也不能。只能打电话、发短信。

Tóngxué zhījiān duìhuà
2. 同学 之间 对话

◆ クラスメートとの会話

A：Nǐ yǒu ZhōngRì cídiǎn ma?
B：Yǒu. Wǒ zuótiān gāng mǎile yíge diànzǐ cídiǎn.
A：Shì ma? Wǒ yòng yíxià，hǎo ma?
B：Hǎo，gěi nǐ.
A：Zhège cídiǎn néng fānyì jùzi ma?
B：Bù néng，zhǐ néng chá dāncí.
A：Néng fāyīn ma?
B：Néng. Rìyǔ hé Hànyǔ dōu néng fāyīn.
A：Zhēn búcuò. Wǒ yě xiǎng mǎi yíge.

A：你有中日词典吗？
B：有。我昨天刚买了一个电子词典。
A；是吗？我用一下，好吗？
B：好，给你。
A：这个词典能翻译句子吗？
B：不能，只能查单词。
A：能发音吗？
B：能。日语和汉语都能发音。
A：真不错。我也想买一个。

生词和短语 ◆新出单語と短文表現

1. 只	zhǐ	副	ただ～だけ
2. 花	huā	動	（金や時間を）費やす

3. 了	le	助	動作の完了を表す
4. 能	néng	助動	～できる
5. 录像	lù xiàng	動	録画する
6. 拍	pāi	動	撮る
7. 打	dǎ	動	(電話を)かける
8. 发	fā	動	出す
9. 短信	duǎnxìn	名	ショートメール
10. 词典	cídiǎn	名	辞書
11. 昨天	zuótiān	名	昨日
12. 刚	gāng	副	～したばかり
13. 电子	diànzǐ	名	電子
14. 给你	gěi nǐ		どうぞお受けとり下さい (相手に差し出すときのことば)
15. 翻译	fānyì	動	翻訳する、通訳する
16. 句子	jùzi	名	文章
17. 查	chá	動	調べる
18. 单词	dāncí	名	単語
19. 发音	fā yīn	動	発音する
20. 不错	bú cuò		よい
21. 它	tā	代	それ

生词练习　◆単語練習

1. 听音标序号　◆　発音を聞いて下のピンインに番号をつけなさい。

①

zuótiān 昨日	jùzi 文章	dāncí 単語	diànzǐ 電子	fānyì 翻訳する
	①			

②

pāi 撮影する	lù xiàng 録画する	gěi nǐ お受けとり下さい	búcuò 優れている	fā yīn 発音する

③

néng できる	gāng ～したばかり	zhǐ ただ～だけ	dǎ （電話を）かける	chá 調べる

2. 听音标序号　◆ 発音を聞いて下の絵に番号をつけなさい。

3. 听音标序号　◆ 発音を聞いて下の漢字に番号をつけなさい。

①

单词	昨天	句子	电子词典	翻译
	①			

②

一下	给你	录像	发音	短信

③

漂亮	不能	买了	五百块	不错

4. 注音朗读　◆ 下の単語にピンインをつけて発音しなさい。

①

拍照片	发音	翻译句子	打电话	查单词

②

中日词典	贵不贵	买了	给你	单词

会话练习　◆会話練習

1. 跟读写汉字　◆ CDを聞いて発音した上で、漢字を書き入れなさい。

① Bù néng lù xiàng.　② Néng pāi zhàopiàn.

③ Néng dǎ diànhuà.　④ Néng chá dāncí.

⑤ Wǒ kànkan.　⑥ Zhēn piàoliang.

⑦ Zhè ge cídiǎn.　⑧ Wǒ yòng yíxià.

2. 听音选择　◆ CDを聞いて発音されたほうに√をつけなさい。

(例)	A	B
(1) Wǒ yòng yíxià. √ (2) Wǒ mǎi yí ge.	(1) Néng fā yīn ma? (2) Néng fā duǎnxìn ma?	(1) Wǒ mǎile yí ge shǒujī. (2) Wǒ mǎile yí ge cídiǎn.

3. 边听边连线 ◆ CDを聞いて内容が合うものを線でつなぎなさい。

(1) Néng lùxiàng ma?
(2) Wǒ yòng yíxià, hǎo ma?
(3) Zhǐ néng dǎ diànhuà, fā duǎnxìn.
(4) Wǒ zuótiān gāng mǎile yí ge diànzǐ cídiǎn.
(5) Bù néng, zhǐ néng chá dāncí.
(6) Rìyǔ hé Hànyǔ dōu néng fā yīn.
(7) Zhǐ huāle wǔbǎi kuài.

A たった五百元でした。
B 録画できますか。
C ちょっと使わせてもらっていいですか。
D 日本語と中国語はどちらも発音できます。
E できません。単語を調べられるだけです。
F 電話をかけ、ショートメールできるだけです。
G 昨日電子辞書を買ったばかりです。

4. 标调或注音 ◆ 声調符号やピンインをつけなさい。

① 听发音标声调 ◆発音を聞いて声調符号をつけなさい。

(1)	(2)	(3)
Wo maile yi ge shouji.	Neng fa yin ma?	Wo ye xiang mai yi ge.

② 听发音标拼音 ◆発音を聞いてピンインをつけなさい。

(1)	(2)	(3)	(4)
真漂亮!	我用一下。	能拍照片吗?	真不错。

5. 看图说话　◆ 絵を見ながら、下線部に言葉を入れて文を完成させなさい。

①

A	B
Wǒ mǎile yí ge shǒujī.	Wǒ kànkan. Zhēn piàoliang! Guì bu guì?
Bú guì, zhǐ huāle wǔbǎi kuài.	Néng lù xiàng ma?
Bù néng. Nǐ de ne?	Wǒ de néng. Hái néng pāi zhàopiàn.

②

A	B
Wǒ mǎile yí ge____.	Wǒ kànkan. Zhēn____! Guì bu guì?
Bú guì, zhǐ huāle ____kuài.	Néng____ma?
Bù néng. Nǐde ne?	Wǒ de néng. Hái néng____.

③

A	B
Nǐ yǒu Zhōng-Rì cídiǎn ma?	Yǒu. Wǒ zuótiān gāng mǎile yí ge diànzǐ cídiǎn.
Shì ma? Wǒ yòng yíxià, hǎo ma?	Hǎo, gěi nǐ.
Zhè ge cídiǎn néng fānyì jùzi ma?	Bù néng, zhǐ néng chá dāncí.

④

扩展练习 ◆ステップアップ

生词 ◆ 新出単語

1. 洗衣机	xǐyījī	名	洗濯機
2. 烘干	hōnggān	動	乾かす
3. 微波炉	wēibōlú	名	電子レンジ
4. 做	zuò	動	作る
5. 菜	cài	名	料理
6. 游戏机	yóuxìjī	名	ゲーム機
7. 锻炼	duànliàn	動	鍛える
8. 身体	shēntǐ	名	体
9. 数码	shùmǎ	名	数字、デジタル
10. 相机	xiàngjī	名	カメラ
11. 写	xiě	動	書く
12. 封	fēng	量	～通(手紙などを数える)
13. 篇	piān	量	～篇(文章などを数える)
14. 作文	zuòwén	名	作文
15. 场	chǎng	量	～回(試合などを数える)
16. 擦	cā	動	拭く
17. 张	zhāng	量	～枚、～台(紙やテーブルなどを数える)

18. 把	bǎ	量	～脚(取っ手のあるものを数える)
19. 椅子	yǐzi	名	椅子
20. 颜色	yánsè	名	色
21. 认真	rènzhēn	形	真面目だ
22. 办法	bànfǎ	名	方法
23. 想	xiǎng	動	考える
24. 上网	shàng wǎng	動	ネットにアクセスする

1. 替换练习　◆ 例文にならって、下線部の言葉を置き換えて練習しなさい。

①

(例) 个	(1) tái 台*	(2) 台	(3) 台	(4) 台
手机	xǐyījī 洗衣机*	wēibōlú 微波炉*	yóuxìjī 游戏机*	shùmǎ xiàngjī 数码* 相机*
发/短信	hōnggān 烘干*/衣服	zuò cài 做*/菜*	duànliàn shēntǐ 锻炼*/ 身体*	录像

(例)　Zhè ge shǒujī néng fā duǎnxìn ma?

A: 这个　手机　能　发　短信　吗?

Bù néng.

B: 不　能。

②

(例) 买	(1) 做	(2) xiě 写*	(3) 看	(4) cā 擦*
一个/电子词典	一件/大衣	fēng 一封*/短信	一部/电影	zhāng 一张*/桌子
一个/手机	一件/衣服	piān zuòwén 一篇*/作文*	chǎng 一场*/比赛	bǎ yǐzi 一把*/椅子*

(例) Wǒ mǎile yí ge diànzǐ cídiǎn. Nǐ ne?

A: 我 买了 一个 电子 词典。你 呢?

Wǒ méi mǎi diànzǐ cídiǎn, wǒ mǎile yí ge shǒujī.

B: 我 没 买 电子 词典, 我 买了 一个 手机。

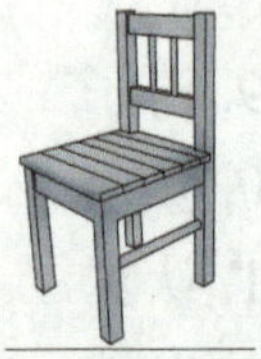

③

(例) 手机	(1) 颜色* (yánsè)	(2) 学校	(3) 电脑	(4) 学生
贵	漂亮	好	便宜	认真* (rènzhēn)

(例) Zhè ge shǒujī guì bu guì?

A: 这个 手机 贵 不 贵?

Bú guì.

B: 不 贵。

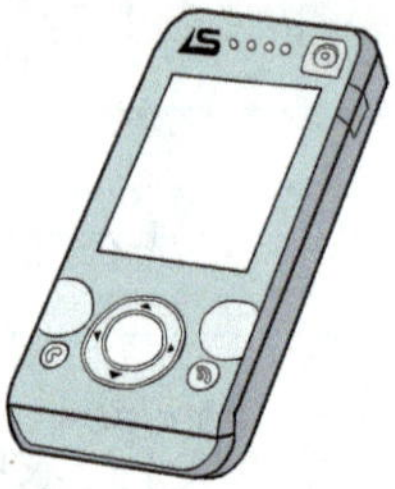

④

(例) 个	(1) 台	(2) 盘	(3) 件	(4) 个
手机	电脑	菜	衣服	办法* (bànfǎ)
看	用	尝	试	想* (xiǎng)

(例) Zhè ge shǒujī zěnmeyàng?

A: 这个 手机 怎么样?

Wǒ kànkan.

B: 我 看看。

2. 练习对话　◆ 次の会話を練習し、下線部を入れ換えて、隣席の人と会話しなさい。

①

Wǒ mǎile yì tái shùmǎ xiàngjī.
A：我 买了 一台 数码 相机。
Wǒ kànkan.
B：我 看看。
Zhēn piàoliang! Guì bu guì?
A：真 漂亮！ 贵 不 贵？
Bú guì, zhǐ huāle qībǎi kuài.
B：不 贵，只 花了 七百 块。

②

Zhè ge diànnǎo néng fā duǎnxìn ma?
A：这个 电脑 能 发 短信 吗？
Bù néng, zhǐ néng shàng wǎng.
B：不 能，只 能 上 网*。
Néng kàn DVD ma?
A：能 看 DVD 吗？
Néng.
B：能。
Zhēn búcuò. Wǒ xiǎng mǎi yí ge.
A：真 不错。我 想 买 一个。

3. 语段表达　◆ 習った中国語を使ってみよう。

① 大声朗读　◆ 声に出して読みなさい。

Wǒ mǎile yí ge diànzǐ cídiǎn, huāle yìqiān kuài. Zhè ge cídiǎn
我 买了 一个 电子 词典，花了 一千 块。这个 词典
néng chá dāncí, néng fā yīn, hěn búcuò. Wǒ hěn xǐhuan.
能 查 单词，能 发音，很 不错。我 很 喜欢。

② 模仿上面的语段说话 ◆ 上の文章を参考に電子辞書の機能について話してみよう。

Wǒ mǎile yí ge diànzǐ cídiǎn, huāle ……. Zhè ge ……
我 买了 一个电子 词典，花了________。这个________

néng ……, néng ……, hěn búcuò. Wǒ hěn xǐhuan.
能________,能________，很 不错。我 很 喜欢。

(附) 语音练习 ◆ 発音練習

① 反复跟读 ◆ 次の音節を繰り返し発音しなさい。

dē	dé	(dě)	(dè)	dī	dí	dǐ	dì
(tē)	(té)	(tě)	tè	tī	tí	tǐ	tì
(nē)	né	(ně)	nè	nī	ní	nǐ	nì
lē	(lé)	(lě)	lè	lī	lí	lǐ	lì

② 反复跟读 ◆ 次の言葉を繰り返し発音しなさい。

tèbié	特别(特別)	dàodé	道德(道徳)
kuàilè	快乐(楽しい)	dàdì	大地(大地)
tǐlì	体力(体力)	nítǔ	泥土(土)

③ 反复跟读,注意一的发音 ◆ 一の発音に注意しながら発音しなさい。

yīyuè yīhào
(1) 一月 一号

kàn yi kàn
(2) 看 一 看

yì xīn yí yì
(3) 一 心 一 意

yí mù liǎo rán
(4) 一 目 了 然

yì jǔ liǎng dé
(5) 一 举 两 得

yì qiān líng yí yè
(6) 一 千 零 一 夜

背诵格言　◆次の格言を暗唱しなさい。

Yí cùn guāngyīn yí　cùn　jīn.

一　寸　光阴　一　寸　金。

時は金なり。

第七課～第九課・文法のまとめ

＜第七課＞

1. 一つの主語のもとに、動詞が連続する構文(連動文)

中国語では、主語の後ろに動詞を連続して並べることができる。その場合、動作がおこなわれる順番に並べるのが基本である。

明天我去美术馆看画展。

（わたしは明日、絵画展を見に美術館に行きます。）

我十二号去中国出差。

（わたしは十二日に中国へ出張します。）

2. 介詞の「在」と「离」

介詞構文は必ず動詞の前におかれ、動作がおこなわれる場所、時間、対象、原因などをあらわす。

(1)「在」は場所をあらわす。

在学校门口见面。　　（学校の校門で会いましょう。）

(2)「离」は、空間的、時間的な隔たりをあらわす。

美术馆离体育场很近。（美術館は運動場から近いです。）

3. 曜日のあらわし方

曜日をあらわすには次のような形をとる。疑問文には「几」を使う。

星期○（天/日）

今天星期几?　（今日は何曜日ですか。）

今天星期五。　（今日は金曜日です。）

4. 語気助詞の「吧」

語気助詞の「吧」は、文末におかれて、推測、勧誘や軽い命令のニュアンスをあらわす。
我们一起去吧。　（わたしたち一緒に行きましょうよ。）

＜第八課＞

1．助動詞の「想」

助動詞の「想」は、動詞の前におかれて、「～したい」という願望の気持ちをあらわす。
你想吃点儿什么？　（どんなものを軽く食べたいですか。）

2．比較の表現

「A比B＋形容詞」という形で、「AはBより～です」という比較の表現を作ることができる。
这件比那件便宜。　（これはあれより安いです。）

3．お金の単位と値段のたずね方

中国では、話し言葉と書き言葉では、使われるお金の単位が異なるので注意が必要である。
書き言葉:元,角,分
話し言葉:块,毛,分
这件大衣多少钱？　（このオーバーはいくらですか。）
这件一千两百块。　（これは千二百元です。）

4．「～(一)点儿」と「～一下」

「(一)点儿」は動詞や形容詞の後ろにつけて量や程度がわずかであることをあらわし、「一下」も動詞の後につけて軽く動作をやってみるという意味になる。
你想吃点儿什么？　（どんなものを軽く食べてみたいですか。）
我看一下菜单。　（ちょっとメニューを見てみましょう。）

＜第九課＞

1. 二つの「了」

(1) 動詞の後に完了をあらわす「了$_1$」を、文末に新しい事態の発生をあらわす語気助詞の「了$_2$」をおいて完了をあらわすが、「了$_2$」がある時、「了$_1$」は省略されることが多い。目的語が数量詞などの修飾語を伴う場合は「了$_2$」は使わない。

我买(了$_1$)手机了$_2$。　　(わたしは携帯電話を買いました。)

我买了$_1$一个手机。　　(わたしは携帯電話を一台買いました。)

(2) 「～しなかった」、「～していない」という場合、否定詞「没(有)」を使う。このとき、「了$_1$」は使わない。

我没带伞。　(わたしは傘を持っていません。)(「第10課」参照)

2. 助動詞の「能」

助動詞の「能」は動詞の前におかれて、「～できる」という可能の意味をあらわす。

它能拍照片吗?　　(それは写真を撮ることができますか。)

这个词典只能查单词。　　(この辞書は単語を調べることができるだけです。)

3. YesかNoをたずねるもう一つの疑問文(反復疑問文)

形容詞述語文では、文末に「吗」をおくことで、YesかNoをたずねる疑問文を作ることを学んだ(第2課参照)。しかし、形容詞の肯定形と否定形を並べても、同じ疑問文を作ることができる。これを反復疑問文という。

你的手机贵不贵?　　(あなたの携帯電話は高いですか。)

不贵。　　(高くありません。)

4、動詞の重ね型

同じ動詞を重ねると、試みに「ちょっと～する」、「～してみる」という意味になる。一音節の動詞を重ねるときには「一」を入れてもよい。

我看(一)看。　　(わたしがちょっと見てみよう。)

Dìshíkè　Wǒ zuò dìtiě huíjiā

第十课　我坐地铁回家

～～交通の利用法をたずねる～～

基本句型　◆基本文型

1	下雨了！	Xià yǔ le!
2	公共汽车已经没有了。	Gōnggòng qìchē yǐjing méi yǒu le.
3	你怎么回家？	Nǐ zěnme huí jiā?
4	我坐地铁回家。	Wǒ zuò dìtiě huí jiā.
5	周末了。	Zhōumò le.
6	去看红叶怎么样？	Qù kàn hóngyè zěnmeyàng?

会话　◆会話

Zài gōngsī ménqián

1. 在 公司　门前

◆ 会社の玄関で

A：A！ Xiàyǔ le！

B：Āiyā，wǒ méi dài sǎn.

A：Méi guānxi，wǒ dàile liǎng bǎ sǎn.

B：Xièxie. Gōnggòng qìchē yǐjing méi yǒu le，nǐ zěnme huí jiā?

A：Wǒ zuò dìtiě huí jiā，nǐ ne?

B：Wǒ dǎ dī.

A：啊！ 下雨了！

B：哎呀，我没带伞。

A：没关系，我带了两把伞。
B：谢谢。公共汽车已经没有了，你怎么回家？
A：我坐地铁回家，你呢？
B：我打的。

Zài jiàoshìli
2. 在 教室里
◆ 教室で

A：Zhōumò le，zánmen zuò shénme?
B：Qù kàn hóngyè zěnmeyàng?
A：Qù nǎr kàn?
B：Qù Lánshān ba，Lánshān de hóngyè yǐjing hóng le，fēicháng piàoliang.
A：Hǎo a，zánmen zěnme qù ne?
B：Zuò diànchē qù ba，lùshang hái néng kàn fēngjǐng.

A：周末了，咱们做什么？
B：去看红叶怎么样？
A：去哪儿看？
B：去岚山吧，岚山的红叶已经红了，非常漂亮。
A：好啊，咱们怎么去呢？
B：坐电车去吧，路上还能看风景。

生词和短语 ◆新出単語と短文表現

1. 下雨	xià yǔ		雨が降る
2. 没	méi	副	～しなかった、まだ～していない（動作の完成・発生を否定する）
3. 带	dài	動	持つ
4. 伞	sǎn	名	傘

5. 公共汽车	gōnggòng qìchē	名	バス
6. 已经	yǐjing	副	すでに
7. 了	le	助	文末につけて変化を表す
8. 怎么	zěnme	疑	どうやって、どうして
9. 坐	zuò	動	(乗り物)に乗る
10. 地铁	dìtiě	名	地下鉄
11. 打的	dǎ dī	動	タクシーに乗る
12. 咱们	zánmen	代	私たち
13. 红叶	hóngyè	名	紅葉
14. 怎么样	zěnmeyàng	疑	どうですか
15. 岚山	Lánshān	名	嵐山(地名)
16. 电车	diànchē	名	電車
17. 路上	lùshang	名	途中
18. 风景	fēngjǐng	名	風景

生词练习　◆単語練習

1. 听音标序号　◆　発音を聞いて下のピンインに番号をつけなさい。

①

zěnme どうやって	dìtiě 地下鉄	zěnmeyàng どうですか	diànchē 電車	gōnggòng qìchē バス
	①			

②

dǎ dī タクシーに乗る	zánmen 私たち	sǎn 傘	lùshang 途中	xià yǔ 雨が降る

③

zuò ～に乗る	yǐjing すでに	dài 持つ	hóngyè 紅葉	fēngjǐng 風景

2. 听音标序号 ◆ 発音を聞いて下の絵に番号をつけなさい。

3. 听音标序号 ◆ 発音を聞いて下の漢字に番号をつけなさい。

①

下雨	打的	风景	已经	公共汽车
	①			

②

没	坐	地铁	电车	红叶

③

路上	怎么	带	伞	怎么样

4. 注音朗读 ◆ 下の単語にピンインをつけて発音しなさい。

①

电车	周末	公共汽车	路上	地铁

②

下雨	红叶	风景	打的	怎么样

会话练习　◆会話練習

1. 跟读写汉字　◆ CDを聞いて発音した上で、漢字を書き入れなさい。

① Zěnme huí jiā?　　② Zuò dìtiě huí jiā.

③ Xià yǔ le.　　④ Zhōumò le.

⑤ Méi dài sǎn.　　⑥ Yǐjing hóng le.

⑦ Zěnmeyàng?　　⑧ Méi yǒu le.

2. 听音选择　◆ CDを聞いて発音されたほうに√をつけなさい。

(例)	A	B
(1) Xià yǔ le. √ (2) Zhōumò le.	(1) Wǒ zuò diànchē huí jiā. (2) Wǒ zuò dìtiě huí jiā.	(1) Qù kàn hóngyè zěnmeyàng? (2) Zánmen zěnme qù?

3. 边听边连线 ◆ CDを聞いて内容が合うものを線でつなぎなさい。

(1) Wǒ dǎ dī huí jiā.　　A. どうやって行きますか。
(2) Qù kàn hóngyè zěnmeyàng?　　B. わたしは　タクシーで帰ります。
(3) Zěnme qù?　　C. あっ、雨が降ってきました。
(4) A! Xià yǔ le!　　D. 紅葉を見に行きませんか。
(5) Hóngyè yǐjing hóng le.　　E. わたしは傘を持っていません。
(6) Wǒ méi dài sǎn.　　F. 紅葉はもう赤くなりました。

4. 标调或注音 ◆ 声調符号やピンインをつけなさい。

① 听发音标声调 ◆ 発音を聞いて声調符号をつけなさい。

(1)	(2)
Gonggong qiche yijing mei you le.	Qu kan hongye zenmeyang?

② 听发音标拼音 ◆ 発音を聞いてピンインをつけなさい。

(1)	(2)
咱们怎么去?	路上还能看风景。

5. 看图说话 ◆ 絵を見ながら、下線部に言葉を入れて文を完成させなさい。

①

A

Āiyā, xià yǔ le! Wǒ méi dài sǎn.

Gōnggòng qìchē yǐjing méi yǒu le, nǐ zěnme huí jiā?

Wǒ dǎ dī.

B

Méi guānxi, wǒ dàile liǎng bǎ sǎn.

Wǒ zuò dìtiě huí jiā, nǐ ne?

②

A

Āiyā, xià yǔ le! Wǒ méi dài sǎn.

Gōnggòng qìchē yǐjing méi yǒu le, nǐ ______ huí jiā?

Wǒ ________.

B

Méi guānxi, wǒ dàile ____________.

Wǒ zuò ________ huí jiā, nǐ ne?

③

A

Zhōumò le，zánmen qù kàn hóngyè zěnmeyàng?

Zánmen zěnme qù ne?

B

Hǎo a，qù Lánshān ba，Lánshān de hóngyè yǐjing hóng le.

Zuò diànchē qù ba，lùshang hái néng kàn fēngjǐng.

④

A

Zhōumò le，zánmen qù ＿＿＿＿＿ zěnmeyàng?

Zánmen zěnme qù ne?

B

Hǎo a，qù ＿＿＿＿＿ ba，＿＿＿＿＿ de hóngyè yǐjing hóng le.

Zuò ＿＿＿＿ qù ba，lùshang hái néng ＿＿＿＿＿＿＿.

扩展练习　◆ステップアップ

生词　◆　新出単語

1. 下雪	xià xuě		雪が降る
2. 骑	qí	動	(自転車など)に乗る
3. 自行车	zìxíngchē	名	自転車
4. 上学	shàng xué	動	学校に行く
5. 老家	lǎojiā	名	ふるさと
6. 走路	zǒu lù	動	道を歩く
7. 开车	kāi chē		車を運転する
8. 摩托车	mótuōchē	名	モーターバイク
9. 秋天	qiūtiān	名	秋

10. 夏天 xiàtiān 名 夏
11. 春天 chūntiān 名 春
12. 冬天 dōngtiān 名 冬
13. 海边 hǎibiān 名 海辺
14. 游泳 yóu yǒng 動 泳ぐ
15. 樱花 yīnghuā 名 さくらの花
16. 北海道 Běihǎidào 名 北海道(地名)
17. 雪 xuě 名 雪

1. 替换练习 ◆ 例文にならって、下線部の言葉を置き換えて練習しなさい。

①

(例) 下雨	(1) 下雨	(2) 下雪* (xià xuě)	(3) 下雪
上学* (shàng xué)	上班	回老家* (lǎojiā)	回大阪
骑*/自行车* (qí zìxíngchē)	走路* (zǒu lù)	开车* (kāi chē)	骑/摩托车* (mótuōchē)

(例) Xià yǔ le, nǐ zěnme shàng xué?

A: 下雨 了,你 怎么 上 学?

Wǒ qí zìxíngchē shàng xué.

B: 我 骑 自行车 上 学。

②

(例) 秋天* (qiūtiān)	(1) 夏天* (xiàtiān)	(2) 春天* (chūntiān)	(3) 冬天* (dōngtiān)
岚山	海边* (hǎibiān)	京都	北海道* (Běihǎidào)
看红叶	游泳* (yóu yǒng)	看 樱花* (yīnghuā)	看雪

（例）　Qiūtiān le, zánmen qù Lánshān kàn hóngyè, zěnmeyàng?

A：秋天 了， 咱们 去 岚山 看 红叶， 怎么样？

Hǎo a.

B：好 啊。

③

（例）中午	（1）五点	（2）秋天	（3）春天
吃饭	做饭	看红叶	看樱花

（例）　Zhōngwǔ le, nǐ chī fàn le ma?

A：中午 了，你 吃饭 了 吗？

Wǒ chī le, nǐ ne?

B：我 吃 了，你 呢？

Wǒ méi chī.

A：我 没 吃。

④

（例）六点	（1）九点	（2）下午	（3）春天
银行/关门	邮局/开门	他/回家	樱花/开

（例）　Liù diǎn le, yínháng yǐjing guān mén le.

A：六点 了， 银行 已经 关 门 了。

2. 练习对话　◆ 次の会話を練習し、下線部を入れ換えて、隣席の人と会話しなさい。

①

A! Shí'èr diǎn le! Nǐ chī fàn le ma?

A：啊！ 十二点 了！ 你 吃 饭 了 吗？

Méi chī, nǐ ne?

B：没 吃，你 呢？

Wǒ yě méi chī. Zánmen yìqǐ qù chī ba.
A：我也没吃。咱们一起去吃吧。
Hǎo a. Āiyā, wǒ méi dài qián.
B：好啊。哎呀，我没带钱。
Méi guānxi, wǒ dàile, zǒu ba.
A：没关系，我带了，走吧。

②

Míngtiān xīngqītiān le, zánmen qù kàn yīnghuā zěnmeyàng?
A：明天星期天了，咱们去看樱花怎么样？
Xíng, zánmen qù nǎr?
B：行，咱们去哪儿？
Qù Jīngdū ba. Jīngdū de yīnghuā yǐjing kāi le, fēicháng piàoliang.
A：去京都吧。京都的樱花已经开了，非常漂亮。

Zánmen zěnme qù?
B：咱们怎么去？
Zuò diànchē qù ba, lùshang hái néng kàn fēngjǐng.
A：坐电车去吧，路上还能看风景。

3. 语段表达 ◆ 習った中国語を使ってみよう。

① 大声朗读 ◆ 声に出して読みなさい。

Chūntiān lái le, Lánshān de yīnghuā yǐjing kāi le, fēicháng piàoliang. Zhōumò wǒ hé péngyou yào qù Lánshān kàn yīnghuā.
春天来了，岚山的樱花已经开了，非常漂亮。周末我和朋友要去岚山看樱花。
Wǒmen qí zìxíngchē qù, lùshang hái néng kàn fēngjǐng.
我们骑自行车去，路上还能看风景。

② 模仿上面的语段说话　◆　上の文章を参考に観光について話してみよう。

…… lái le，…… yǐjing …… le，…….
____来了，____已经____了，______。

Zhōumò wǒ hé …… yào qù ……. Wǒmen …… qù，
周末　我　和____要去____。我们______去，

lùshang hái néng …….
路上　还　能____。

（附）语音练习 ◆ 発音練習

① 反复跟读　◆　次の音節を繰り返し発音しなさい。

yōu	yóu	yǒu	yòu	wēi	wéi	wěi	wèi
diū	diú	diǔ	diù	duī	duí	duǐ	duì
jiū	jiú	jiǔ	jiù	zuī	zuí	zuǐ	zuì
ēr	ér	ěr	èr				

② 反复跟读　◆　次の言葉を繰り返し発音しなさい。

yóuyù	犹豫（ためらう）	zuǐchún	嘴唇（くちびる）
chéngjiù	成就（成就する）	nòngdiū	弄丢（なくす）
xíngwéi	行为（行為）	duìcè	对策（対策）

③ 反复跟读，注意三声二声连读　◆　三声二声の連続に注意しながら発音しなさい。

yǔyán	语言（言語）	yǐnshí	饮食（飲食）
lǐyóu	理由（理由）	qǐ chuáng	起床（起きる）

诗歌朗读 ◆次の漢詩を朗読しなさい。

Shuǐ diào gē tóu
水 调 歌 头
Sū Shì
苏 轼
Rén yǒu bēi huān lí hé
人 有 悲 欢 离 合，
Yuè yǒu yīn qíng yuán quē
月 有 阴 晴 圆 缺，
Cǐ shì gǔ nán quán
此 事 古 难 全。
Dàn yuàn rén cháng jiǔ
但 愿 人 长 久，
Qiān lǐ gòng chán juān
千 里 共 婵 娟。

水調歌頭
人に悲歡　離合有り
月に陰晴　圓缺有り
此の事古へより全うすること難し。
但だ願くは　人　長久にして
千里　嬋娟を共にせんことを。
蘇軾

Dìshíyīkè　Nǐ huì shuō Guǎngdōnghuà ma?

第十一课　你会说广东话吗?

~~相手の能力をたずねる~~

基本句型　◆基本文型

1	你会滑雪吗?	Nǐ huì huá xuě ma?
2	我不会滑雪。	Wǒ bú huì huá xuě.
3	先坐新干线,然后坐飞机。	Xiān zuò Xīngànxiàn, ránhòu zuò fēijī.
4	我得学学广东话。	Wǒ děi xuéxue Guǎngdōnghuà.
5	我下个月要去广东出差。	Wǒ xià ge yuè yào qù Guǎngdōng chū chāi.
6	你去不去香港?	Nǐ qù bu qù Xiānggǎng?

会话　◆会話

Zài kāfēiguǎn

1. 在 咖啡馆

◆ 喫茶店で

A：Nǐ huì huá xuě ma?

B：Huì. Wǒ hěn xǐhuan huá xuě. Nǐ ne?

A：Wǒ bú huì. Wǒ xiǎng xué huá xuě，nǐ jiāojiao wǒ ba.

B：Méi wèntí. Wǒ xiàge zhōumò qù Běihǎidào huá xuě.

A：Wǒ gēn nǐ yìqǐ qù，zěnmeyàng?

B：Hǎo a.

A：Zánmen zěnme qù?

B：Xiān zuò xīngànxiàn，ránhòu zuò fēijī.

A：你会滑雪吗？
B：会。我很喜欢滑雪。你呢？
A：我不会。我想学滑雪，你教教我吧。
B：没问题。我下个周末去北海道滑雪。
A：我跟你一起去，怎么样？
B：好啊。
A：咱们怎么去？
B：先坐新干线，然后坐飞机。

2. 在 公司（Zài gōngsī）

◆ 会社で

A：Nǐ huì shuō Guǎngdōnghuà ma?
B：Bú huì. Wǒ zhǐ huì shuō pǔtōnghuà.
A：Wǒ děi xuéxue Guǎngdōnghuà，wǒ xià ge yuè yào qù Guǎngdōng chū chāi.
B：Shì ma? Qù Guǎngdōng shénme dìfang?
A：Xiān qù Guǎngzhōu，ránhòu qù Shēnzhèn.
B：Qù bu qù Xiānggǎng?
A：Bú qù le，méi yǒu shíjiān.

A：你会说广东话吗？
B：不会。我只会说普通话。
A：我得学学广东话，我下个月要去广东出差。
B：是吗？去广东什么地方？
A：先去广州然后去深圳。
B：去不去香港？
A：不去了，没有时间。

生词和短语　◆新出単語と短文表現

1. 会	huì	助動	できる
2. 滑雪	huá xuě		スキー(をする)
3. 没问题	méi wèntí		問題ない
4. 先	xiān	副	まず
5. 新干线	Xīngànxiàn	名	新幹線
6. 然后	ránhòu	副	それから、そして
7. 飞机	fēijī	名	飛行機
8. 说	shuō	動	話す、言う
9. 广东话	Guǎngdōnghuà	名	広東語
10. 普通话	pǔtōnghuà	名	共通語
11. 得	děi	助動	～しなければならない
12. 月	yuè	名	～月
13. 要	yào	助動	～する必要ある
14. 广东	Guǎngdōng	名	広東省(地名)
15. 什么地方	shénme dìfang		どこ
16. 广州	Guǎngzhōu	名	広州(地名)
17. 深圳	Shēnzhèn	名	深圳(地名)
18. 香港	Xiānggǎng	名	香港(地名)
19. 长野	Chángyě	名	長野(地名)

生词练习　◆単語練習

1. 听音标序号　◆ 発音を聞いて下のピンインに番号をつけなさい。

①

xiàge yuè 来月	huì できる	xiān まず	ránhòu それから	Guǎngdōnghuà 広東語
	①			

②

huá xuě スキー	pǔtōnghuà 共通語	méi wèntí 問題ない	Xiānggǎng 香港	Běihǎidào 北海道

③

fēijī 飛行機	shénme dìfang どこ	Guǎngzhōu 広州	Xīngànxiàn 新幹線	Shēnzhèn 深圳

2. 听音标序号 ◆ 発音を聞いて下の絵に番号をつけなさい。

3. 听音标序号 ◆ 発音を聞いて下の漢字に番号をつけなさい。

①

普通话	说	广州	滑雪	下个月
①				

②

没问题	什么地方	深圳	飞机	广东话

③

北海道	然后	新干线	香港	下个周末

4. 注音朗读　◆ 下の単語にピンインをつけて発音しなさい。

①

香港				
	没问题	先	普通话	滑雪

②

然后				
	广州	下个周末	广东话	下个月

③

北海道				
	飞机	什么地方	深圳	新干线

会话练习　◆会話練習

1. 跟读写汉字　◆ CDを聞いて発音した上で、漢字を書き入れなさい。

① Bú huì.

② Zuò Xīngànxiàn.

③ Qù bu qù Xiānggǎng?

④ Huì shuō pǔtōnghuà.

⑤ Wǒ děi xué.

⑥ Ránhòu zuò fēijī.

⑦ Méi yǒu shíjiān.

⑧ Hěn xǐhuan.

2. 听音选择　◆ CDを聞いて発音されたほうに√をつけなさい。

(例)	A	B	C
(1) Hǎo a! √(2) Shì ma?	(1) Bú huì. (2) Bú qù.	(1) Wǒ xiǎng xué huá xuě. (2) Wǒ hěn xǐhuan huá xuě.	(1) Ránhòu qù Shēnzhèn. (2) Ránhòu zuò fēijī.

3. 边听边连线 ◆ CDを聞いて内容が合うものを線でつなぎなさい。

(1) Wǒ bú huì huá xuě.
(2) Xiān zuò xīngànxiàn, ránhòu zuò fēijī.
(3) Wǒ děi xuéxue Guǎng dōnghuà.
(4) Wǒ zhǐ huì shuō pǔtōnghuà.
(5) Qù bu qù Xiānggǎng?
(6) Nǐ huì shuō Guǎngdōnghuà ma?

A あなたは広東語が話せますか。
B わたしはスキーができません。
C 香港に行きますか。
D わたしは広東語を学ばなければなりません。
E 先ず新幹線に乗って、それから飛行機に乗ります。
F わたしは共通語しか話せません。

4. 标调或注音 ◆ 声調符号やピンインをつけなさい。

① 听发音标声调　◆ 発音を聞いて声調符号をつけなさい。

(1)	(2)
Ni hui shuo putonghua ma?	Wo qu Xianggang chu chai.

② 听发音标拼音　◆ 発音を聞いてピンインをつけなさい。

(1)	(2)	(3)
没有时间。	我得学学滑雪。	他只会说普通话。

5. 看图说话　◆ 絵を見ながら、下線部に言葉を入れて文を完成させなさい。

①

A | B

A: Wǒ bú huì huá xuě, nǐ huì ma?

B: Wǒ huì, wǒ xiàge zhōumò qù Běihǎidào huá xuě.

A: Wǒ gēn nǐ yìqǐ qù, zěnmeyàng?

B: Méi wèntí.

A: Zánmen zěnme qù?

B: Xiān zuò Xīngānxiàn, ránhòu zuò fēijī.

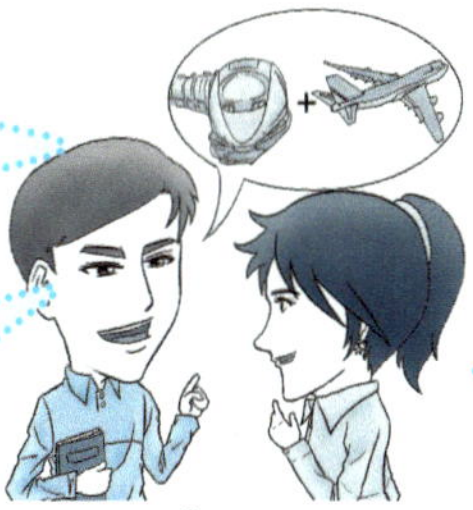

②

A | B

A: Wǒ bú huì huá xuě, nǐ huì ma?

B: Wǒ huì, wǒ xià ge zhōumò qù______huá xuě.

A: Wǒ gēn nǐ yìqǐ qù, zěnmeyàng?

B: Méi wèntí.

A: Zánmen zěnme qù?

B: Xiān zuò______, ránhòu zuò______.

③

A | B

A: Nǐ huì shuō Guǎngdōnghuà ma?

B: Bú huì. Wǒ zhǐ huì shuō pǔtōnghuà.

A: Wǒ děi xuéxue Guǎngdōnghuà, wǒ xiàge yuè yào qù Guǎngdōng chū chāi.

B: Qù bu qù Xiānggǎng?

A: Bú qù le, méi yǒu shíjiān.

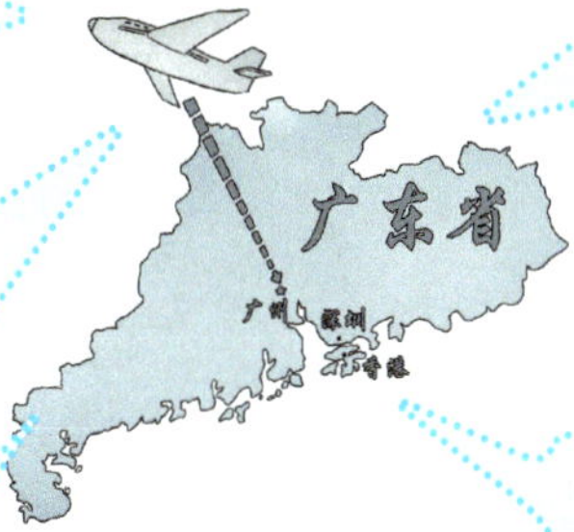

④

A

Nǐ huì shuō Guǎngdōnghuà ma?

Wǒ děi xuéxue Guǎngdōnghuà, wǒ xiàge yuè yào qù ________chūchāi.

Bú qù le, méi yǒu shíjiān.

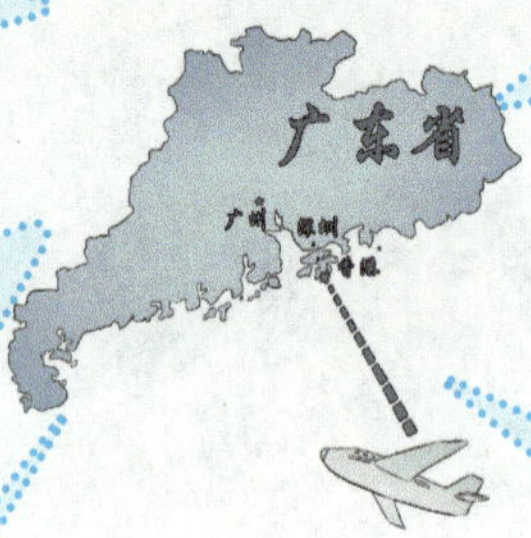

B

Bú huì. Wǒ zhǐ huì shuō________.

Qù bu qù________?

扩展练习 ◆ステップアップ

生词 ◆ 新出单語

1. 画画儿	huà huàr		絵を描く
2. 高尔夫球	gāo'ěrfūqiú	名	ゴルフ
3. 包	bāo	動	包む
4. 踢足球	tī zúqiú		サッカーをする
5. 洗澡	xǐ zǎo	動	風呂に入る
6. 作业	zuòyè	名	宿題
7. 散步	sàn bù	動	散歩する
8. 结婚	jié hūn	動	結婚する
9. 弹钢琴	tán gāngqín		ピアノを弾く
10. 葡萄酒	pútaojiǔ	名	ワイン
11. 抽烟	chōu yān		タバコを吸う
12. 书法	shūfǎ	名	書道
13. 水果	shuǐguǒ	名	くだもの
14. 毕业	bì yè	動	卒業する
15. 找	zhǎo	動	探す
16. 北方人	běifāngrén	名	北方人

1. 替换练习　◆ 例文にならって、下線部の言葉を置き換えて練習しなさい。

①

（例）滑雪	huà huàr （1）画　画儿*	gāo'ěrfūqiú （2）打　高尔夫球*	bāo （3）包*饺子	tī　zúqiú （4）踢　足球*

（例）　Zhè ge rén huì zuò shénme?

A：这个　人　会　做　什么？

Zhè ge rén huì huá xuě.

B：这个　人　会　滑雪。

②

（例）喝茶	xǐzǎo （1）洗澡*	zuòyè （2）做作业*	（3）工作	tán gāngqín （4）弹钢琴*
看报纸	看电视	sàn bù 散步*	jié hūn 结婚*	学英语

（例）　Wǒ xiān hē chá, ránhòu kàn bàozhǐ.

A：我　先　喝茶，然后　看　报纸。

③

（例）去	（1）喝	chōu （2）抽*	（3）喜欢	（4）买
北京	pútaojiǔ 葡萄酒*	yān 烟*	shūfǎ 书法*	shuǐguǒ 水果*

（例）　Nǐ qù bu qù Běijīng?

A：你　去不去　北京？

Wǒ qù.

B：我　去。

④

（例）六点	（1）星期一	（2）九点	（3）下雨	（4）bìyè 毕业*
起床	上班	上课	回家	zhǎo 找*工作

（例） Liù diǎn le,wǒ děi qǐ chuáng le.
A: 六点 了,我得 起床 了。

2. 练习对话 ◆ 次の会話を練習し、下線部を入れ換えて、隣席の人と会話しなさい。

①

Nǐ huì kāi chē ma?
A: 你会 开车 吗?
Wǒ bú huì,nǐ ne?
B: 我不会,你呢?
Wǒ yě bú huì.
A: 我也不会。
Wǒ jiā tài yuǎn le, wǒ děi xué kāi chē.
我家太远了,我得学 开车。
Nǐ mǎi chē le ma?
B: 你 买车 了吗?
Méi mǎi. Wǒ xiǎng xiān xué kāi chē, ránhòu mǎi chē.
A: 没买。我想 先 学 开车,然后 买 车。

②

Nǐ huì bāo jiǎozi ma?
A: 你会 包饺子 吗?
Huì,wǒ shì běifāngrén,hěn xǐhuan chī jiǎozi.
B: 会,我是 北方人*,很 喜欢 吃 饺子。
Tài hǎo le! Wǒ xiǎng xué bāo jiǎozi, nǐ jiāojiao wǒ ba.
A: 太好了! 我想 学 包饺子,你 教教 我吧。
Méi wèntí. Nǐ míngtiān yǒu shíjiān ma?
B: 没问题。你 明天 有 时间 吗?

Míngtiān xiàwǔ yǒu shíjiān.
A：明天 下午 有 时间。
Nǐ míngtiān xiàwǔ sì diǎn lái wǒ jiā ba.
B：你 明天 下午 四点 来 我 家 吧。
Wǒmen xiān bāo jiǎozi，ránhòu yìqǐ chī wǎnfàn.
A：我们 先 包 饺子，然后 一起 吃 晚饭。

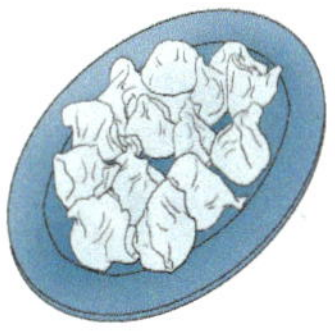

3. 语段表达 ◆ 習った中国語を使ってみよう。

① 大声朗读 ◆ 声に出して読みなさい。

Tiánzhōng huì yóuyǒng，wǒ bú huì，wǒ děi xuéxue yóu yǒng.
田中 会 游泳，我不会，我得 学学 游泳。

Tiánzhōng xià ge zhōumò qù hǎibiān yóuyǒng，wǒ gēn tā yìqǐ qù.
田中 下个 周末 去 海边 游泳，我跟 他一起去。

Tā shuō tā yào jiāo wǒ，tài hǎo le.
他 说 他要 教 我，太好 了。

② 模仿上面的语段说话 ◆ 上の文章を参考に、あなたのできないこと、習いたいことについて話してみよう。

…… huì ……，wǒ bú huì, wǒ děi xuéxue …….
______会______，我不 会，我 得 学学______。

…… xià gè zhōumò qù ……，wǒ gēn tā yìqǐ qù.
______下个 周末 去______，我 跟 他一起去。

…… shuō tā yào jiāo wǒ, tài hǎo le.
______说 他要 教 我，太 好 了。

（附）语音练习 ◆ 発音練習

① 反复跟读 ◆ 次の音節を繰り返し発音しなさい。

ān	án	ǎn	àn	āng	áng	ǎng	àng
shān	shán	shǎn	shàn	shāng	sháng	shǎng	shàng
sān	sán	sǎn	sàn	sāng	sáng	sǎng	sàng

② 反复跟读 ◆ 次の言葉を繰り返し発音しなさい。

ānjìng	安静（静かだ）	dāngrán	当然（もちろん）
shānshuǐ	山水（山水）	shāngyè	商业（商業）
sàn bù	散步（散歩する）	sàngshī	丧失（喪失する）

③ 反复跟读，注意四声连读 ◆ 四声の連続に注意しながら発音しなさい。

guòqù	过去（過去）	jìnbù	进步（進歩する）
lǜsè	绿色（緑色）	zhùyì	注意（注意する）

诗歌朗读　◆次の漢詩を朗読しなさい。

Yuàn qíng
怨　情
Lǐ Bái
李 白

Měi rén juǎn zhū lián
美 人 卷 珠 帘，
Shēn zuò pín é méi
深 坐 颦 蛾 眉。
Dàn jiàn lèi hén shī
但 见 泪 痕 湿，
Bù zhī xīn hèn shéi
不 知 心 恨 谁。

怨 情
美人　珠簾を捲き、
深く座して蛾眉を顰(ひそ)む。
但だ見る　涙痕の湿えるを、
知らず心に誰をか恨むを。
李白

Dìshí'èrkè　Zhù nǐ shēngri kuàilè!

第十二课　祝你生日快乐！

≈≈プレゼントを贈る≈≈

基本句型　◆基本文型

1	今年的春节几月几号？	Jīnnián de Chūnjié jǐ yuè jǐ hào?
2	今年的春节一月二十六号。	Jīnnián de Chūnjié yīyuè èrshiliù hào.
3	我回去。	Wǒ huíqu.
4	周末我去给家人买礼物。	Zhōumò wǒ qù gěi jiārén mǎi lǐwù.
5	你要送家人什么礼物？	Nǐ yào sòng jiārén shénme lǐwù?
6	祝你生日快乐！	Zhù nǐ shēngri kuàilè!
7	我教你中文。	Wǒ jiāo nǐ Zhōngwén.

会话　◆会話

Zài bàngōngshì

1. 在 办公室

◆ 事務室で

A：Jīnnián de Chūnjié jǐ yuè jǐ hào?

B：Yīyuè èrshiliù hào.

A：Nǐ Chūnjié huí bu huí Zhōngguó?

B：Wǒ huíqu，zhōumò wǒ qù gěi jiārén mǎi lǐwù.

A：Nǐ yào sòng jiārén shénme lǐwù?

B：Wǒ xiǎng gěi bàba mǎi tiáo lǐngdài，gěi māma mǎi jiàn chènyī.

A：今年的春节几月几号？
B：一月二十六号。
A：你春节回不回中国？
B：我回去，周末我去给家人买礼物。
A：你要送家人什么礼物？
B：我想给爸爸买条领带，给妈妈买件衬衣。

Zài Zhúxiàjiā xuánguān
2. 在 竹下家 玄关
◆ 竹下さんの家の玄関で

A：Zhúxià，zhù nǐ shēngri kuàilè.
B：Xièxie nǐ，kuài jìnlai.
A：Wǒ sòng nǐ yí ge xiǎo lǐwù.
B：Shì shénme ya？
A：Shì yì běn Zhōngwén shū.
B：A，tài hǎo le，wǒ zǎojiù xiǎng xué Zhōngwén，nǐ jiāo wǒ ba.
A：Wǒ jiāo nǐ Zhōngwén，nǐ jiāo wǒ Rìwén，zěnmeyàng？
B：Xíng a. Wǒmen xià xīngqī jiù kāishǐ ba.

A：竹下，祝你生日快乐。
B：谢谢你，快进来。
A：我送你一个小礼物。
B：是什么呀？
A：是一本中文书。
B：啊，太好了，我早就想学中文，你教我吧。
A：我教你中文，你教我日文，怎么样？
B：行啊。我们下星期就开始吧。

生词和短语　◆新出単語と短文表現

1. 今年	jīnnián	名	今年
2. 春节	Chūnjié	名	旧正月、春節
3. 给	gěi	介	～に（動作の対象を表す）

4. 礼物	lǐwù	名	プレゼント
5. 送	sòng	動	贈る
6. 条	tiáo	量	～本(細長いものを数える)
7. 领带	lǐngdài	名	ネクタイ
8. 衬衣	chènyī	名	シャツ、下着
9. 竹下	Zhúxià	名	竹下(姓)
10. 祝	zhù	動	祈る、祝う
11. 生日	shēngri	名	誕生日
12. 快	kuài	形	速い
13. 进	jìn	動	入る
14. 小	xiǎo	形	小さい
15. 中文	Zhōngwén	名	中国語
16. 早就	zǎojiù	副	とっくに
17. 日文	Rìwén	名	日本語
18. 行	xíng	形	よろしい
19. 开始	kāishǐ	動	開始する

生词练习 ◆単語練習

1. 听音标序号 ◆ 発音を聞いて下のピンインに番号をつけなさい。

①

jīnnián 今年	Rìwén 日本語	lǐngdài ネクタイ	Zhōngwén 中国語	kāishǐ 開始する
①				

②

xíng よろしい	chènyī シャツ	zǎojiù とっくに	Chūnjié 春節	shēngri 誕生日

③

xiǎo 小さい	sòng 贈る	yīyuè 一月	zhù 祝う	lǐwù プレゼント

2. 听音标序号 ◆ 発音を聞いて下の絵に番号をつけなさい。

3. 听音标序号 ◆ 発音を聞いて下の漢字に番号をつけなさい。

①

快	生日	送	衬衣	日文
①				

②

今年	行	月	祝	礼物

③

领带	早就	春节	开始	中文

4. 注音朗读 ◆ 下の単語にピンインをつけて発音しなさい。

①

早就	中文	今年	生日	礼物

②

行	送	春节	条	进

③

快	领带	开始	祝	衬衣

会话练习 ◆会話練習

1. 跟读写汉字 ◆ CDを聞いて発音した上で、漢字を書き入れなさい。

① Jǐ yuè jǐ hào?

② Shēngri kuàilè.

③ Kuài jìnlai.

④ Xièxie nǐ.

⑤ Mǎi lǐwù.

⑥ Shì shénme ya?

⑦ Wǒ jiāo nǐ Zhōngwén.

⑧ Kāishǐ ba.

2. 听音选择 ◆ CDを聞いて発音されたほうに√をつけなさい。

（例）	A	B	C
(1) Nǐ hǎo! √(2) Nǐ ne?	(1) Wǒ huíqu. (2) Wǒ huílai.	(1) Gěi jiārén mǎi lǐwù. (2) Gěi péngyou mǎi lǐwù.	(1) Yìběn Zhōngwén shū. (2) Yìběn Rìwén shū.

3. 边听边连线 ◆ CDを聞いて内容が合うものを線でつなぎなさい。

(1) Zhù nǐ shēngri kuàilè.
(2) Jīnnián de Chūnjié jǐ yuè jǐ hào?
(3) Wǒ qù gěi jiārén mǎi lǐwù.
(4) Wǒ zǎojiù xiǎng xué Zhōngwén.
(5) Wǒ sòng nǐ yíge xiǎo lǐwù.
(6) Wǒ jiāo nǐ Zhōngwén.

A　今年の春節は何月何日ですか。
B　お誕生日おめでとうございます。
C　ささやかなプレゼントを差し上げます。
D　早くから中国語を学びたいと思っていました。
E　わたしは　あなたに中国語を教えます。
F　わたしは家族へのプレゼントを買いに行きます。

4. 标调或注音 ◆ 声調符号やピンインをつけなさい。

① 听发音标声调　◆ 発音を聞いて声調符号をつけなさい。

(1)	(2)	(3)
Siyue jiuhao.	Shenme liwu?	Yitiao lingdai.

② 听发音标拼音　◆ 発音を聞いてピンインをつけなさい。

(1)	(2)	(3)
一月二十六号。	送你一个小礼物。	买件衬衣。

5. 看图说话 ◆ 絵を見ながら、下線部に言葉を入れて文を完成させなさい。

①

A

Jīnnián de Chūnjié jǐyuè jǐhào?

Nǐ Chūnjié huíbuhuí Zhōngguó?

Nǐ yào sòng jiārén shénme lǐwù?

B

Yīyuè èrshiliù hào.

Huíqu，zhōumò wǒ qù gěi jiārén mǎi lǐwù.

Wǒ xiǎng gěi bàba mǎi tiáo lǐngdài，gěi māma mǎi jiàn chènyī.

②

A

Jīnnián de Chūnjié jǐyuè jǐhào?

Nǐ Chūnjié huíbuhuí ______?

Nǐ yào sòng______ shénme lǐwù?

B

______yuè______hào.

Huíqu，zhōumò wǒ qù gěi______mǎi lǐwù.

Wǒ xiǎng gěi______mǎi ______，gěi______ mǎi______.

③

A

Zhúxià，zhù nǐ shēngri kuàilè. Wǒ sòng nǐ yíge xiǎo lǐwù.

Shì yìběn Zhōngwén shū.

Wǒ jiāo nǐ Zhōngwén，nǐ jiāo wǒ Rìwén，zěnmeyàng?

B

Xièxie nǐ. Shì shénme ya?

Tài hǎo le，wǒ zǎojiù xiǎng xué Zhōngwén，nǐ jiāo wǒ ba.

Xíng a. Wǒmen xiàxīngqī jiù kāishǐ ba.

④

A

______，zhù nǐ shēngri kuàilè. Wǒ sòng nǐ yíge xiǎo lǐwù.

B

Xièxie nǐ.Shì shénme ya?

A

Shì yì běn______shū.

B

Tài hǎo le，wǒ zǎojiù xiǎng xué______，nǐ jiāo wǒ ba.

A

Wǒ jiāo nǐ______，nǐ jiāo wǒ______，zěnmeyàng?

B

Xíng a. Wǒmen______jiù kāishǐ ba.

扩展练习　◆ステップアップ

生词　◆　新出単語

1. 爱人	àiren	名	夫または妻
2. 包	bāo	名	かばん
3. 母亲节	mǔqinjié	名	母の日
4. 双	shuāng	量	～足(靴など二つでセットになっているものを数える)
5. 鞋	xié	名	靴
6. 块	kuài	量	～個(塊状のものを数える)
7. 蛋糕	dàngāo	名	ケーキ
8. 父亲节	fùqinjié	名	父の日
9. 裙子	qúnzi	名	スカート
10. 少	shǎo	形	少ない
11. 钱	qián	名	お金
12. 当然	dāngrán	副	もちろん
13. 后	hòu	名	～後
14. 袜子	wàzi	名	靴下

1. 替换练习 ◆ 例文にならって、下線部の言葉を置き換えて練習しなさい。

①

(例)春节	mǔqinjié (1) 母亲节*	(2)哥哥的生日	fùqinjié (3)父亲节*	(4)妹妹的生日
一月二十六号	五月十三号	十二月十九号	七月二十四号	十一月八号
爱人*	母亲	哥哥	父亲	妹妹
bāo 一个/包*	shuāng xié 一双*/鞋*	kuài dàngāo 一块*/ 蛋糕*	一台/电脑	qúnzi 一条/裙子*

(例)

① Chūnjié jǐ yuè jǐ hào?

A: 春节 几月 几号?

Chūnjié yīyuè èrshíliù hào.

B: 春节 一月 二十六号。

Nǐ sòng nǐ àiren shénme lǐwù?

A: 你 送 你 爱人 什么 礼物?

Wǒ sòng tā yí ge bāo.

B: 我 送 她 一个 包。

Nǐ gěi nǐ àiren mǎi lǐwù le ma?

A: 你给 你爱人 买 礼物 了 吗?

Mǎi le, wǒ gěi tā mǎile yí ge bāo.

B: 买 了,我给 她 买了 一个 包 。

②

(例) 张老师	(1) 王老师	(2) 山田老师	(3) 金老师
英语	文学	数学	韩语

(例)　Zhāng lǎoshī jiāo nǐmen shénme?

A：张　老师　教 你们　什么？

Zhāng lǎoshī jiāo wǒmen Yīngyǔ.

B：张　老师　教 我们　英语。

2. 练习对话　◆ 次の会話を練習し、下線部を入れ換えて、隣席の人と会話しなさい。

①

Míngtiān shì wǒ nǚ'ér de shēngri.

A：明天　是 我 女儿 的 生日。

Nǐ gěi nǐ nǚ'ér mǎile shénme lǐwù?

B：你给 你 女儿 买了 什么 礼物？

Wǒ gěi tā mǎile yì běn Yīngyǔ cídiǎn.

A：我 给 她买了 一本 英语 辞典。

Tā yǐjing xué Yīngyǔ le?

B：她 已经 学 英语 了？

Xué le, zǎojiù xué le.

A：学 了，早就 学了。

Nǐ jiāo tā ma?

B：你教 她 吗？

Bù, wǒ jiāo tā gāngqín, nǎinai jiāo tā Yīngyǔ.

A：不，我 教 她 钢琴，奶奶 教 她 英语。

②

Zuótiān shì wǒ àiren de shēngri.
A：昨天 是 我爱人的 生日。

Shì ma? Nǐ sòng nǐ àiren shénme lǐwù le?
B：是 吗？你 送 你爱人 什么 礼物了？

Wǒ sòngle tā yì shuāng xié.
A：我 送了 她 一双 鞋。

Lǐwù tài shǎo le!
B：礼物太 少* 了！

Wǎnshang wǒmen hái chūqu chī fàn le.
A：晚上 我们 还 出去 吃 饭 了。

Shì nǐ de qián ma?
B：是 你的 钱* 吗？

Dāngrán.
A：当然*。

3. 语段表达 ◆ 習った中国語を使ってみよう。

① 大声朗读 ◆ 声に出して読みなさい。

Jīnnián de mǔqinjié wǔyuè shíyī hào, wǒ xiǎng sòng māma yí ge xiǎo lǐwù.
今年 的 母亲节 五月 十一号，我 想 送 妈妈 一个 小 礼物。

Zuótiān xiàbān hòu, wǒ qù gěi tā mǎile yì shuāng wàzi. Wǔyuè shí hào
昨天 下班 后*，我 去 给她 买了 一双 袜子*。五月 十号

wǒ yào sòng gěi tā, zhù tā mǔqinjié kuàilè.
我 要 送 给 她，祝 她 母亲节 快乐。

② 模仿上面的语段说话 ◆ 上の文章を参考に何をプレゼントするかについて話してみよう。

Jīnnián de fùqinjié ……, wǒ xiǎng sòng …… yí ge xiǎo lǐwù.
今年 的父亲节______， 我 想 送______一个 小 礼物。

Zuótiān xiàbān hòu, wǒ qù gěi tā mǎile ……. …… wǒ
昨天　下班　后，我去 给 他买了______。______我

yào sòng gěi tā, zhù tā …… kuàilè.
要　送　给 他，祝 他______快乐 。

(附) 语音练习 ◆ 発音練習

① 反复跟读 ◆ 次の音節を繰り返し発音しなさい。

yān	yán	yǎn	yàn	yāng	yáng	yǎng	yàng
jiān	jián	jiǎn	jiàn	jiāng	jiáng	jiǎng	jiàng
qiān	qián	qiǎn	qiàn	qiāng	qiáng	qiǎng	qiàng
xiān	xián	xiǎn	xiàn	xiāng	xiáng	xiǎng	xiàng

② 反复跟读 ◆ 次の言葉を繰り返し発音しなさい。

yánjiū	研究（研究する）	yángguāng	阳光（日光）
jiǎndān	简单（簡単だ）	jiānglái	将来（将来）
jīnqián	金钱（金銭）	qiángliè	强烈（強烈だ）
xīnxiān	新鲜（新鮮だ）	xiǎngxiàng	想像（想像する）

③ 反复跟读，注意二声连读 ◆ 二声の連続に注意しながら発音しなさい。

tuánjié	团结（団結する）	huídá	回答（回答する）
guómín	国民（国民）	wánchéng	完成（完成する）

诗歌朗读 ◆次の漢詩を朗読しなさい。

Jìng yè sī
静 夜 思
Lǐ Bái
李 白

Chuáng qián kàn yuè guāng
床 前 看 月 光，
Yí shì dì shàng shuāng
疑 是 地 上 霜。
Jǔ tóu wàng shān yuè
举 头 望 山 月，
Dī tóu sī gù xiāng
低 头 思 故 乡 。

静 夜 思
牀前　月光を看る
疑うらくは　是れ地上の霜かと
頭を挙げて　山月を望み
頭を低れて　故郷を思う
李白

第十課～第十二課・文法のまとめ

＜第十課＞

1. 自然現象をあらわす表現

中国語では、出現・発生をあらわす文では、意味上の主語が目的語の位置におかれる。人間が働きかける余地のない、自然現象の出現・発生をあらわす文にこの形が多く見られる。しかし、消滅・消失の場合は、主語・述語の順にならぶ。

下雨了！　（雨ですよ。）

雨住了。　（雨がやみました。）

2. 変化をあらわす語気助詞の「了」

第９課で完了をあらわす「了$_{1}$」を学んだが、その文末に置かれた「了$_{2}$」は変化や、新しい事態の発生をあらわす語気助詞である。

公共汽车已经没有了$_{2}$。　（バスはもうなくなりました。）

周末了$_{2}$，咱们做什么？　（週末になったら、何をしましょうか。）

我吃了$_{1}$ 饭，就走了$_{2}$。

（わたしは食事をすませると、すぐ出かけた。）

3. 手段、方法をあらわす連動文

第７課で動詞が連続する「連動文」を学んだが、この文型を使って、交通手段や、方法をあらわすこともできる。

我坐地铁回家。　（わたしは地下鉄で家に帰ります。）

4. 疑問詞の「怎么」と「怎么样」

（１）「怎么」は方法や理由をたずねる疑問詞である。

　　你怎么回家？　（あなたはどうやって家に帰りますか。）

你怎么不回家？　（あなたはどうして家に帰らないの。）

（2）「怎么样」は状態や相手の意向をたずねる疑問詞である。

去看红叶怎么样？　（もみじを見に行くのはどうでしょう。）

＜第十一課＞

1．助動詞の「会」

第9課で可能の助動詞「能」を学んだが、「会」も可能の意味をあらわすことができる。しかし「会」は、訓練や練習を通じて獲得した能力をあらわす。また、具体的な能力のレベルを述べるときには、「会」は使えない。

你会滑雪吗？　　（あなたはスキーができますか。）

我不会说广东话。　（わたしは広東語を話すことができません。）

2．助動詞の「要」と「得」

（1）「要」は、実現可能な願望「～したい」や義務「～しなければならない」、必要性「～する必要がある」など幅広い意味を持つ助動詞である。願望をあらわすには第8課で学んだ「想」も使えるが、願望の否定「～したくない」は、「不想」となり、「要」の否定「不要」は、禁止「～してはいけない」の意味になる。

我下个月要去广东出差。

（わたしは来月、広東に出張しなければなりません。）

（2）助動詞の「得」は、義務をあらわすが、否定「しなくてよい」の場合は、「不用」となる。

我得学学广东话。

（わたしは少し広東語を勉強しなければなりません。）

3．動詞述語文の疑問文

第9課で、形容詞のもう一つの疑問文（反復疑問文）を学んだが、動詞述語文でも肯定形と否定形を並べることで、YesかNoをたずねる反復疑問文を作ることができる。

你去不去香港？　　（あなたは香港へ行きますか。）
不去。　　　　　　（行きません。）

4.「先～然后」の構文

二つの文章を「先～然后～」でつなぐと、「まず～してから～する」というように、動作の順序を明確に示すことになる。
先去广州然后去深圳。
（まず広州に行って、それから深圳へ行きます。）

＜第十二課＞

1.単純方向補語

動詞の後ろに「上、下、进、出、过、回、起」といった補語をつけることで、前の動詞に方向を持った動きをあたえることができる。また「来、去」（～てくる、～ていく）をつけると、動作が話し手に近づくのか遠のくのかを示すことになる。これを単純方向補語という。
我回去。　（わたしは帰ります。）
请坐下。　（どうかお座りください。）

2.二重目的語

一部の動詞は二つの目的語を取ることができる。その場合、「間接目的語＋直接目的語（～に～を）」という語順となる。
我教你中文。
（わたしはあなたに中国語を教えます。）
你要送家人什么礼物？
（あなたは家族にどんなプレゼントを贈るつもりですか。）

3.介詞の「给」

介詞の「给」は、動詞の前におかれて、動作の恩恵を受ける対象をあらわす。
周末我去给家人买礼物。
（週末にわたしは家族のために贈り物を買いに行きます。）

我想给爸爸买条领带。
（お父さんにネクタイを買ってあげたいと思っています。）

4. 日付のあらわし方

（1）日付をあらわすには次のような形をとる。疑問文には「几」を使う。

○月○号（日）
今年的春节几月几号？
（今年の春節は何月何日ですか。）
今年的春节一月二十六号。
（今年の春節は一月二十六日です。）

（2）名詞述語文

すでに学んだ「時間のあらわし方」（第5課）、「曜日のあらわし方」（第7課）も含め、「～是～」の構文で、数量をあらわす言葉が述語となる場合、「是」は省略される。これらを名詞述語文という。ただし否定の場合は「～不是～」になる。

现在八点半。　　（今八時半です。）
今天星期天。　　（今日は日曜日です。）
今天不是十三号。（今日は十三日ではありません。）

（3）「時間詞」を使った連用修飾

日付や時間をあらわすことば（「時間詞」）は、動詞の前におかれて、「いつ～する」という連用修飾語となることができる。

我十二号去中国出差。
（わたしは十二日に中国へ出張します。）
那个商店八点就开门。
（あの店は、八時にはもう開きます。）

词　语　表
（単語一覧表）

词类　（品詞）

名:名詞
形:形容詞
代:代詞
助:助詞
数:数詞
疑:疑問詞
感:感嘆詞
動:動詞
副:副詞
助動:助動詞
介:介詞
接:接続詞
量:量詞

*単語を組み合わせた語は品詞を示していない。
*人名は最後にまとめて掲載した。

啊	a	助	文末につけて、感嘆の気持ちを表す	3-A
哎呀	āiyā	感	おや、あら(驚きを表す)	5-A
爱好	àihào	名	趣味	6-A
爱人	àiren	名	夫または妻	12-B
安静	ānjìng	形	静かだ	4-B
把	bǎ	量	～脚(取っ手のあるものを数える)	9-B
吧	ba	助	～しよう(勧誘を表す)	7-A
爸爸	bàba	名	お父さん	3-A
白	bái	形	白い	8-B
百	bǎi	数	百	8-A
班	bān	名	クラス	3-B
半	bàn	数	半(時間の単位)	5-A
办法	bànfǎ	名	方法	9-B
办公室	bàngōngshì	名	事務室	4-B
棒球	bàngqiú	名	野球	6-A
包	bāo	動	包む	11-B
包	bāo	名	かばん	12-B
报纸	bàozhǐ	名	新聞	2-B
杯	bēi	量	～杯(コップに入れたものを数える)	8-B
北边	běibian	名	北	4-B
北方人	běifāngrén	名	北方人	11-B
北海道	Běihǎidào	名	北海道(地名)	10-B
本	běn	量	～冊(本や雑誌などを数える)	3-B
笔	bǐ	名	ペン	4-B
比	bǐ	介	～より(比較の表現に使う)	8-A
笔袋	bǐdài	名	ペンシルケース	4-B
别的	biéde		他のもの	8-A
笔记本	bǐjìběn	名	ノート	4-B
比赛	bǐsài	名	試合	7-A
毕业	bì yè	動	卒業する	11-B
不	bù	副	いいえ、～ではありません(動詞や形容詞を否定する)	1-A
不错	bú cuò		よい	9-A
不太	bútài		あまり～でない	6-A
部	bù	量	～本(映画などを数える)	7-A
擦	cā	動	拭く	9-B
才	cái	副	(～して)やっと～だ	5-A
菜	cài	名	料理	9-B
菜单	càidān	名	メニュー	8-A

餐馆	cānguǎn	名	レストラン	7-B
茶	chá	名	お茶	6-B
查	chá	動	調べる	9-A
尝	cháng	動	味わう	8-B
长	cháng	形	長い	8-B
场	chǎng	量	～回(試合などを数える)	9-B
唱	chàng	動	歌う	6-B
常常	chángcháng	副	いつも、よく	6-A
长野	Chángyě	名	長野(地名)	11-A
超市	chāoshì	名	スーパーマーケット	4-B
车站	chēzhàn	名	駅	4-A
橙汁	chéngzhī	名	オレンジジュース	8-B
衬衣	chènyī	名	シャツ、下着	12-A
吃饭	chī fàn		食事をする	7-B
吃早饭	chī zǎofàn		朝ごはんを食べる	5-B
抽烟	chōu yān		タバコを吸う	11-B
出差	chū chāi	動	出張する	7-A
春节	Chūnjié	名	旧正月、春節	12-A
春天	chūntiān	名	春	10-B
辞典	cídiǎn	名	辞書	2-B
词典	cídiǎn	名	辞書	9-A
打	dǎ	動	打つ、(球技を)する	6-A
打	dǎ	動	(電話を)かける	9-A
打的	dǎ dī	動	タクシーに乗る	10-A
打工	dǎ gōng	動	アルバイトをする	7-B
大	dà	形	大きい	4-B
大阪	Dàbǎn	名	大阪(地名)	4-B
大家	dàjiā	名	みなさん	1-B
大学生	dàxuéshēng	名	大学生	1-B
大衣	dàyī	名	コート	8-A
带	dài	動	持つ	10-A
单词	dāncí	名	単語	9-A
蛋糕	dàngāo	名	ケーキ	12-B
当然	dāngrán	副	もちろん	12-B
的	de	助	～の(所有、所属を表す)	2-A
得	děi	助動	～しなければならない	11-A
弟弟	dìdi	名	弟	3-B
地铁	dìtiě	名	地下鉄	10-A
点	diǎn	量	～時(時間の単位)	5-A

电车	diànchē	名	電車	10-A
电话号码	diànhuà hàomǎ		電話番号	2-A
电脑	diànnǎo	名	パソコン	2-B
点儿	diǎnr	量	少し	8-A
电视	diànshì	名	テレビ	2-B
电影	diànyǐng	名	映画	6-A
电影院	diànyǐngyuàn	名	映画館	7-B
电子	diànzǐ	名	電子	9-A
电子邮箱	diànzǐ yóuxiāng		メールアドレス	2-A
东边	dōngbian	名	東	4-A
东京	Dōngjīng	名	東京(地名)	4-B
冬天	dōngtiān	名	冬	10-B
都	dōu	副	すべて、いずれも	6-A
锻炼	duànliàn	動	鍛える	9-B
短信	duǎnxìn	名	ショートメール	9-A
对了	duì le		そうだ、ところで	2-A
对不起	duìbuqǐ		すみません	2-A
多	duō	形	多い	4-B
多少	duōshao	疑	いくつ(数量をたずねる)	2-A
多少钱	duōshao qián	疑	いくら	8-A
饿	è	形	お腹がすく	2-B
儿子	érzi	名	息子	3-B
发	fā	動	出す	9-A
发音	fā yīn	動	発音する	9-A
法语	Fǎyǔ	名	フランス語	3-B
翻译	fānyì	動	翻訳する、通訳する	9-A
方便	fāngbiàn	形	便利だ	4-B
飞机	fēijī	名	飛行機	11-A
分	fēn	量	～分(時間の単位)	5-B
粉	fěn	形	ピンク	8-B
封	fēng	量	～通(手紙などを数える)	9-B
风景	fēngjǐng	名	風景	10-A
服务员	fúwùyuán	名	従業員、サービス係、店員	4-A
父亲节	fùqinjié	名	父の日	12-B
附近	fùjìn	名	近く、付近	4-A
富士山	Fùshìshān	名	富士山(地名)	4-B
刚	gāng	副	～したばかり	9-A
干净	gānjìng	形	衛生的である、きれいだ	8-B
高	gāo	形	高い	4-B

高尔夫球	gāo'ěrfūqiú	名	ゴルフ	11-B
歌	gē	名	歌	6-B
哥哥	gēge	名	お兄さん	3-A
个	ge	量	～人、～個(人や物を数える)	3-A
给	gěi	介	～に(動作の対象を表す)	12-A
给你	gěi nǐ		どうぞお受けとり下さい(相手に差し出すときのことば)	9-A
跟	gēn	介	～と、～と共に	6-A
公共汽车	gōnggòng qìchē	名	バス	10-A
公司职员	gōngsī zhíyuán		会社員	1-B
工作	gōngzuò	動/名	働く、仕事	3-A
狗	gǒu	名	犬	3-B
古典音乐	gǔdiǎn yīnyuè	名	クラシック音楽	6-A
罐	guàn	量	～缶(缶に入れたものを数える)	8-B
广东	Guǎngdōng	名	広東省(地名)	11-A
广东话	Guǎngdōnghuà	名	広東語	11-A
广州	Guǎngzhōu	名	広州(地名)	11-A
关门	guān mén		閉店する、戸を閉める	5-A
贵	guì	形	高い	8-A
还	hái	副	また、さらに	8-A
孩子	háizi	名	子供	3-A
海边	hǎibiān	名	海辺	10-B
韩国	Hánguó	名	韓国	1-B
汉语	Hànyǔ	名	中国語	3-A
号	hào	名	日	7-A
喝	hē	動	飲む	6-B
和	hé	接	～と	3-A
黑	hēi	形	黒	8-B
很	hěn	副	とても	2-A
烘干	hōnggān	動	乾かす	9-B
红(色)的	hóng(sè) de		赤いもの	8-A
红茶	hóngchá	名	紅茶	8-B
红叶	hóngyè	名	紅葉	10-A
后	hòu	名	～後	12-B
花	huā	動	(金や時間を)費やす	9-A
花店	huādiàn	名	お花屋さん	7-B
滑雪	huá xuě		スキー(をする)	11-A
画画儿	huà huàr		絵を描く	11-B
黄(色)的	huáng(sè) de		黄色いもの	8-A

化学	huàxué	名	化学	3-B
画展	huàzhǎn	名	絵画展	7-A
回家	huí jiā		家へ帰る	5-B
会	huì	助動	できる	11-A
护照	hùzhào	名	パスポート	2-B
几	jǐ	疑	いくつ(10以下の数を問う場合)	3-A
几号	jǐ hào		何日	7-A
家	jiā	名	家	3-A
家人	jiārén	名	家族	6-B
家庭主妇	jiātíng zhǔfù		専業主婦	1-B
见面	jiàn miàn	動	会う	7-A
件	jiàn	量	～着(服などを数える)	8-A
叫	jiào	動	(名前を) ～といいます	1-A
教	jiāo	動	教える	3-A
饺子	jiǎozi	名	餃子	8-A
鸡蛋	jīdàn	名	卵	8-A
结婚	jié hūn	動	結婚する	11-B
姐姐	jiějie	名	お姉さん	3-A
今天	jīntiān	名	今日	7-A
今年	jīnnián	名	今年	12-A
近	jìn	形	近い	4-B
进	jìn	動	入る	12-A
京都	Jīngdū	名	京都(地名)	4-B
酒	jiǔ	名	お酒	6-B
就	jiù	副	すでに、早くも	5-A
句子	jùzi	名	文章	9-A
咖啡	kāfēi	名	コーヒー	6-B
卡拉OK	kǎlā'ok	名	カラオケ	6-B
卡拉OK厅	kǎlā'ok tīng		カラオケ店	7-B
开车	kāi chē		車を運転する	10-B
开门	kāi mén		開店する、戸をあける	5-A
开始	kāishǐ	動	開始する	12-A
看	kàn	動	見る	3-B
刻	kè	量	十五分(時間の単位)	5-A
可爱	kě'ài	形	可愛い、愛すべき	8-B
可乐	kělè	名	コーラ	8-B
渴	kě	形	のどが渴く	2-B
课	kè	名	授業	5-A
口	kǒu	量	～人(家族の人数を数える)	3-A

块	kuài	量	元(中国のお金の単位)	8-A
块	kuài	量	～個(塊状のものを数える)	12-A
快	kuài	形	速い	12-B
快乐	kuàilè	形	楽しい	5-B
矿泉水	kuàngquánshuǐ	名	ミネラルウォーター	8-B
来	lái	動	～をください	8-A
蓝	lán	形	青	8-B
岚山	Lánshān	名	嵐山(地名)	10-A
老家	lǎojiā	名	ふるさと	10-B
老人	lǎorén	名	老人、お年寄	3-B
老师	lǎoshī	名	先生	1-A
了	le	助	動作の完了を表す	9-A
了	le	助	文末につけて変化を表す	10-A
累	lèi	形	疲れる	2-B
离	lí	介	～から、～まで(時間的、空間的隔たりを表す)	7-A
礼物	lǐwù	名	プレゼント	12-A
里边	lǐbian	名	中、内	4-B
两	liǎng	数	二つ	3-A
领带	lǐngdài	名	ネクタイ	12-A
留学生	liúxuéshēng	名	留学生	1-B
路	lù	名	道	8-B
路上	lùshang	名	途中	10-A
录像	lù xiàng	動	録画する	9-A
绿	lǜ	形	緑	8-B
律师	lǜshī	名	弁護士	1-B
吗	ma	助	～ですか(文末につけてYesかNoをたずねる)	1-A
买东西	mǎi dōngxi		買い物をする	7-B
妈妈	māma	名	お母さん	3-A
忙	máng	形	忙しい	2-A
猫	māo	名	猫	3-B
没	méi	副	～しなかった、まだ～していない (動作の完成・発生を否定する)	10-A
没问题	méi wèntí		問題ない	11-A
没有	méi yǒu		持っていない、ない	2-A
美	měi	形	美しい	4-B
美国	Měiguó	名	アメリカ	1-B

美术馆	měishùguǎn	名	美術館	7-A
妹妹	mèimei	名	妹	3-B
门口	ménkǒu	名	入口、戸口	7-A
名片	míngpiàn	名	名刺	2-A
名胜古迹	míngshèng gǔjì		名所旧跡	4-B
明天	míngtiān	名	明日	7-A
摩托车	mótuōchē	名	モーターバイク	10-B
母亲节	mǔqinjié	名	母の日	12-B
奶奶	nǎinai	名	おばあさん	3-B
奈良	Nàiliáng	名	奈良(地名)	4-B
哪儿	nǎr	代	どこ、どちら	4-A
那儿	nàr	代	そちら、あちら	4-A
南边	nánbian	名	南	4-B
男的	nánde	名	男性	3-B
男孩儿	nánháir	名	男の子	3-B
男朋友	nánpéngyou	名	ボーイフレンド	3-B
呢	ne	助	～は?(名詞の後に置き、相手に聞き返す)	1-A
能	néng	助動	～できる	9-A
你	nǐ	代	あなた、君	1-A
你好	nǐ hǎo		こんにちは	1-A
你们	nǐmen	代	あなたたち	2-A
年级	niánjí	名	学年、～年生	2-B
您	nín	代	あなた(敬語)	1-A
女朋友	nǚpéngyou	名	ガールフレンド	3-A
女的	nǚde	名	女性	3-B
女儿	nǚ'ér	名	娘	3-B
女孩儿	nǚháir	名	女の子	3-A
拍	pāi	動	撮る	9-A
盘	pán	量	～皿(大皿に盛ったものを数える)	8-A
旁边	pángbiān	名	～のそば	4-A
朋友	péngyou	名	友達	6-B
啤酒	píjiǔ	名	ビール	8-A
篇	piān	量	～篇(文章などを数える)	9-B
便宜	piányi	形	(値段が)安い	4-A
漂亮	piàoliang	形	美しい	8-B
瓶	píng	量	～本(瓶に入れたものを数える)	8-A
乒乓球	pīngpāngqiú	名	卓球	6-B
平时	píngshí	名	普段、平素	6-A

苹果	píngguǒ	名	りんご	4-A
葡萄酒	pútaojiǔ	名	ワイン	11-B
普通话	pǔtōnghuà	名	共通語	11-A
妻子	qīzi	名	妻	6-B
骑	qí	動	(自転車など)に乗る	10-B
起床	qǐ chuáng	動	起きる	5-B
千	qiān	数	千	8-A
前	qián	名	～の前	5-B
钱	qián	名	お金	12-B
清酒	qīngjiǔ	名	清酒	8-B
请多关照	qǐng duō guānzhào		どうぞよろしく	1-A
请问	qǐng wèn		おたずねしますが	2-A
秋天	qiūtiān	名	秋	10-B
球	qiú	名	ボール	6-B
去	qù	動	行く	7-A
裙子	qúnzi	名	スカート	12-B
然后	ránhòu	副	それから、そして	11-A
认真	rènzhēn	形	真面目だ	9-B
日本人	Rìběnrén	名	日本人	1-A
日文	Rìwén	名	日本語	12-A
日语歌	Rìyǔ gē		日本語の歌	6-B
三明治	sānmíngzhì	名	サンドイッチ	8-A
伞	sǎn	名	傘	10-A
散步	sàn bù	動	散歩する	11-B
色拉	sèlā	名	サラダ	8-A
商店	shāngdiàn	名	店、売店	5-A
上课	shàng kè	動	授業を受ける、授業が始まる	5-A
上网	shàng wǎng	動	ネットにアクセスする	9-B
上学	shàng xué	動	学校に行く	10-B
上边	shàngbian	名	上	4-B
上午	shàngwǔ	名	午前	5-B
少	shǎo	形	少ない	12-B
谁	shéi	疑	だれ	3-A
身体	shēntǐ	名	体	9-B
深圳	Shēnzhèn	名	深圳(地名)	11-A
生日	shēngri	名	誕生日	12-A
什么	shénme	疑	何、どんな	1-A
什么地方	shénme dìfang		どこ	11-A
什么时候	shénme shíhou		いつ、何時	5-A

时间	shíjiān	名	時間	7-A
是	shì	動	～です	1-A
试	shì	動	試す	8-B
事儿	shìr	名	用事	7-A
手机	shǒujī	名	携帯電話	2-A
书	shū	名	本	2-B
蔬菜	shūcài	名	野菜	4-A
书法	shūfǎ	名	書道	11-B
双	shuāng	量	～足(靴など二つでセットになっているものを数える)	12-B
水果	shuǐguǒ	名	くだもの	11-B
睡觉	shuì jiào	動	寝る	5-B
数码	shùmǎ	名	数字、デジタル	9-B
说	shuō	動	話す、言う	11-A
数学	shùxué	名	数学	3-B
送	sòng	動	贈る	12-A
它	tā	代	それ	9-A
他	tā	代	彼	1-A
她	tā	代	彼女	1-B
台	tái	量	～台(電気製品などを数える)	3-B
太	tài	副	ひどく	5-A
太太	tàitai	名	奥さん、妻	3-B
弹钢琴	tán gāngqín		ピアノを弾く	11-B
汤	tāng	名	スープ	8-A
踢足球	tī zúqiú		サッカーをする	11-B
体育场	tǐyùchǎng	名	運動場	7-A
甜	tián	形	甘い	4-A
条	tiáo	量	～本(細長いものを数える)	12-A
听	tīng	動	聞く	6-A
同学	tóngxué	名	クラスメート	3-B
图书馆	túshūguǎn	名	図書館	4-B
袜子	wàzi	名	靴下	12-B
外国	wàiguó	名	外国	6-B
晚	wǎn	形	遅い	5-B
网球	wǎngqiú	名	テニス	6-B
晚上	wǎnshang	名	晩	5-B
微波炉	wēibōlú	名	電子レンジ	9-B
味道	wèidao	名	味	8-B
温泉	wēnquán	名	温泉	4-B

文学	wénxué	名	文学	3-B
问	wèn	動	たずねる	8-B
我	wǒ	代	わたし	1-A
西边	xībian	名	西	4-B
洗澡	xǐ zǎo	動	風呂に入る	11-B
洗手间	xǐshǒujiān	名	お手洗い、洗面所	4-B
洗衣机	xǐyījī	名	洗濯機	9-B
喜欢	xǐhuan	動	好む、好きだ	6-A
下	xià	名	次の～、来～	7-A
下班	xià bān	動	退勤する	5-B
下边	xiàbian	名	下	4-B
下课	xià kè	動	授業が終わる	5-B
下雪	xià xuě		雪が降る	10-B
下雨	xià yǔ		雨が降る	10-A
下午	xiàwǔ	名	午後	5-B
夏天	xiàtiān	名	夏	10-B
先	xiān	副	まず	11-A
先生	xiānsheng	名	夫	3-B
先生	xiānsheng	名	～さん(男性)	2-A
现代音乐	xiàndài yīnyuè	名	現代の音楽	6-A
现在	xiànzài	名	今、現在	5-A
香港	Xiānggǎng	名	香港(地名)	11-A
想	xiǎng	助動	～したい	8-A
想	xiǎng	動	考える	9-B
相机	xiàngjī	名	カメラ	9-B
小	xiǎo	形	小さい	12-A
小	xiǎo	名	(姓につける)～さん	2-B
小姐	xiǎojiě	名	(若い女性に対して)～さん	2-B
小说	xiǎoshuō	名	小説	6-B
鞋	xié	名	靴	12-B
写	xiě	動	書く	9-B
谢谢	xièxie	動	ありがとう	2-A
新	xīn	形	新しい	7-A
新鲜	xīnxiān	形	(食品などが)新鮮である	4-A
新干线	xīngànxiàn	名	新幹線	11-A
星期	xīngqī	名	～曜日、週	7-A
星期二	xīngqī'èr	名	火曜日	7-B
星期六	xīngqīliù	名	土曜日	7-B
星期三	xīngqīsān	名	水曜日	7-A

星期四	xīngqīsì	名	木曜日	7-B
星期天	xīngqītiān	名	日曜日	7-B
星期五	xīngqīwǔ	名	金曜日	7-A
星期一	xīngqīyī	名	月曜日	7-B
行	xíng	形	よろしい	12-A
兄弟姐妹	xiōngdì jiěmèi		兄弟姉妹	3-B
学	xué	動	学ぶ	3-B
学生	xuésheng	名	学生、生徒	1-A
学生证	xuéshēngzhèng	名	学生証	2-B
学校	xuéxiào	名	学校	3-B
雪	xuě	名	雪	10-B
颜色	yánsè	名	色	9-B
要	yào	動	ほしい、いる	8-A
要	yào	助動	～する必要がある	11-A
爷爷	yéye	名	おじいさん	3-B
也	yě	副	～も	1-A
一下	yíxià		ちょっと、すこし	8-A
一起	yìqǐ	副	一緒に～する、共に～する	6-A
衣服	yīfu	名	服	8-B
医院	yīyuàn	名	病院	4-A
已经	yǐjing	副	すでに	10-A
椅子	yǐzi	名	椅子	9-B
音乐	yīnyuè	名	音楽	6-A
银行	yínháng	名	銀行	4-B
英国	Yīngguó	名	イギリス	1-B
英语	Yīngyǔ	名	英語	3-B
英语歌	Yīngyǔ gē		英語の歌	6-B
樱花	yīnghuā	名	さくらの花	10-B
医生	yīsheng	名	医者	1-B
用	yòng	動	使う	8-B
邮局	yóujú	名	郵便局	4-B
游戏机	yóuxìjī	名	ゲーム機	9-B
游泳	yóuyǒng	動	泳ぐ	10-B
有	yǒu	動	持つ、ある、いる	2-A
有名	yǒumíng	形	有名だ	4-B
右边	yòubian	名	右	4-B
远	yuǎn	形	遠い	4-B
月	yuè	名	～月	11-A
运动	yùndòng	名	運動、スポーツ	6-A

运动场	yùndòngchǎng	名	運動場	6-B
杂志	zázhì	名	雑誌	2-B
在	zài	動	～にある、いる	4-A
在	zài	介	～で	7-A
再	zài	副	再び、そのうえに	8-A
咱们	zánmen	代	私たち	10-A
糟了	zāole		しまった！だめだ！	5-A
早	zǎo	形	早い	5-B
早就	zǎojiù	副	とっくに	12-A
早上	zǎoshang	名	朝	5-B
怎么	zěnme	疑	どうやって、どうして	10-A
怎么样	zěnmeyàng	疑	どうですか	10-A
张	zhāng	量	～枚、～台(紙やテーブルなどを数える)	9-B
丈夫	zhàngfu	名	夫	6-B
找	zhǎo	動	探す	11-B
照片	zhàopiàn	名	写真	3-A
这	zhè	代	これ	2-A
只	zhī	量	～匹(動物を数える)	3-B
只	zhǐ	副	ただ～だけ	9-A
中国人	Zhōngguórén	名	中国人	1-A
中文	Zhōngwén	名	中国語	12-A
中午	zhōngwǔ	名	昼、正午	5-B
中学	zhōngxué	名	中学校(高校も含む)	3-B
种	zhǒng	量	～種類(人・事物の種類を数える)	4-A
周末	zhōumò	名	週末	7-A
祝	zhù	動	祈る、祝う	12-A
桌子	zhuōzi	名	テーブル	4-B
自行车	zìxíngchē	名	自転車	10-B
走路	zǒu lù	動	道を歩く	10-B
最近	zuìjìn	名	近頃	2-A
昨天	zuótiān	名	昨日	9-A
左边	zuǒbian	名	左	4-B
作文	zuòwén	名	作文	9-B
作业	zuòyè	名	宿題	11-B
坐	zuò	動	(乗り物)に乗る	10-A
做	zuò	動	～をする	3-A
做	zuò	動	作る	9-B
本田 英夫	Běntián Yīngfū	名	本田 英夫(人名)	1-B

大卫	Dàwèi	名	デビット(人名)	1-B
高桥	Gāoqiáo	名	高橋(姓)	6-A
金美善	Jīn Měishàn	名	金美善(人名)	1-B
铃木	Língmù	名	鈴木(姓)	3-A
玛丽	Mǎlì	名	マリー(人名)	1-B
山本 一郎	Shānběn Yīláng	名	山本 一郎(人名)	1-B
山田 明子	Shāntián Míngzǐ	名	山田明子(人名)	1-A
田中 英夫	Tiánzhōng Yīngfū	名	田中 英夫(人名)	1-B
张	Zhāng	名	張(姓)	2-B
张小欢	Zhāng Xiǎohuān	名	張小歓(人名)	1-B
中岛	Zhōngdǎo	名	中島(姓)	5-B
中田 美子	Zhōngtián Měizǐ	名	中田 美子(人名)	1-B
赵	Zhào	名	趙(姓)	2-B
竹下	Zhúxià	名	竹下(姓)	12-A